COLLECTION

DES

POÈTES DE CHAMPAGNE

ANTÉRIEURS AU XVIᵉ SIÈCLE.

COLLECTION DES POÈTES DE CHAMPAGNE ANTÉRIEURS AU XVIᵉ SIÈCLE.

Cette collection se composera de 24 volumes in-8º, tirés à 300 exemplaires. — 21 sont en vente.

1ᵉʳ et 2ᵉ vol. — ŒUVRES DE GUILLAUME COQUILLART. — Reims, 1847.

3ᵉ ŒUVRES DE GUILLAUME DE MACHAULT. — Reims, 1849.

4ᵉ et 5ᵉ. ŒUVRES INÉDITES D'EUSTACHE DESCHAMPS. — Reims, 1849.

6ᵉ LE ROMAN D'AUBERY LE BOURGOING. — Reims, 1850.

7ᵉ LE ROMAN DU CHEVALIER DE LA CHARRETTE, par *Chrestien*, de Troyes, et *Godefroy*, de Lagny. Reims, 1850.

8ᵉ LES ŒUVRES DE PHILIPPE DE VITRY, évêque de Meaux. — Reims, 1850.

9ᵉ LES CHANSONNIERS DE CHAMPAGNE AUX XIIᵉ ET XIIIᵉ SIÈCLES. — Reims, 1850.

10ᵉ LE ROMAN DE GIRARD DE VIANE, par *Bertrand*, de Bar-sur-Aube. — Reims, 1850.

11ᵉ LES CHANSONS DE THIBAULT IV, COMTE DE CHAMPAGNE ET ROI DE NAVARRE. — Reims, 1851.

12ᵉ LE TORNOIEMENT DE L'ANTECHRIST, par *Huon*, de Méry. — Reims, 1851.

13ᵉ LES POÈTES DE CHAMPAGNE ANTÉRIEURS AU SIÈCLE DE FRANÇOIS Iᵉʳ. — Reims, 1851.

14ᵉ et 15ᵉ. RECHERCHES SUR L'HISTOIRE DU LANGAGE ET DU PATOIS DE CHAMPAGNE. — Reims, 1851.

16ᵉ LES ŒUVRES D'AGNÈS DE NAVARRE-CHAMPAGNE. — Reims, 1856.

17ᵉ LE ROMAN DE FOULQUE DE CANDIE, par *Herbert Leduc*, de Dammartin. — Reims, 1860.

18ᵉ LE ROMAN DES QUATRE FILS AYMON, PRINCES DES ARDENNES. — Reims, 1861.

19ᵉ LES ŒUVRES DE BLONDEL DE NÉELE. — Reims, 1862.

20ᵉ, 21ᵉ et 22ᵉ ROMANCERO DE CHAMPAGNE, 1ᵉʳ vol. — Première partie. — Chants religieux. — 2ᵉ vol. — Deuxième partie. — Chants populaires. — 3ᵉ vol. — Troisième partie. — Chants légendaires et historiques, 420-1550. — Reims, 1863.

Sous presse :

23ᵉ, 24ᵉ et dernier vol. de la collection. — *Romancero de Champagne*, 3ᵉ partie. — Chants historiques de la Champagne, 1550-1750. — 1750-1850.

ROMANCERO

DE

CHAMPAGNE

TOME III.

TROISIÈME PARTIE

CHANTS LÉGENDAIRES ET HISTORIQUES

420-1550

> Gai ! gai ! serrons les rangs,
> Espérance
> De la France !
> Gai ! gai ! serrons les rangs !
> En avant, Gaulois et Francs !
>
> J.-P. De Béranger.

REIMS

1863

PRÉFACE

Après la chanson de l'année, la chanson de la vie. Après la chanson de la vie, celle de l'histoire. La Champagne avait ses légendes de famille, ses chroniques rimées, ses chants historiques, comme elle avait sa nationalité. Le nombre en fut grand, mais presque tous sont tombés dans l'abîme des âges. La révolution s'est fait un plaisir d'accélérer leur chute. Au milieu des ruines, çà et là, nous avons récolté quelques souvenirs encore debout. Sur le champ de bataille, nous avons trouvé trépassés et mourants, meurtris et mutilés. Nous avons rencontré bien des chants postérieurs aux évènements dont ils parlent : nous leur avons donné l'hospitalité. A qui garde la mémoire de ses pères, estime et sympathie. De tous ces échos des anciens jours, nous avons fait notre livre : ils sont rangés, non pas à la date de leur composition, mais à celle des faits qu'ils racontent. De leurs auteurs nous ne nous soucions. Point ne s'agit ici de poésie, mais de l'histoire et de sa chanson.

Comme le Petit-Jean de Racine, nous pourrions vous dire sur les temps antérieurs au déluge quelques paroles bien senties : mais hâtons-nous d'arriver au grand cataclysme qui a semé des mâchoires à Abbeville, et peut-être ailleurs. Il y a des races, comme celle des enfants d'Israël, dont les bulletins remontent plus loin. Les bonnes gens de Champagne avouent humblement qu'avant cette époque, ils ignorent l'histoire de leurs ancêtres ; mais, à partir de ce moment, le voile du passé se lève pour nous, et nos aïeux sont acteurs sur la scène du monde.

vj

Or faites paix, por Dieu le roi céleste !
Encore orrez chanson et bone et belle.
Cil jongléor, sachiez, n'en scevent guères.
De la chanson ont corrumpu le geste.
Mais j' la dirai : bien en sais la matère (1).

Janus ou Noé fut père de Japhet, qui engendra Samothès : ce fut ce dernier, si nous en croyons le savant Bergier, qui fonda Durocort, c'est-à-dire Reims. La maison d'Estherazy possède sa généalogie jusqu'au premier homme. La Champagne avait été plus modeste : mais comment faire taire l'envie ? Il fallut capituler et offrir une transaction.

Samothès fut institué par son grand-père Noé simplement premier roi des Gaules, 2493 ans avant Jésus-Christ, ni plus ni moins : il engendra Magus, qui bâtit Rouen (*Rotho-Magus*, première concession),—et fut père de Sarron.—Sarron fut l'auteur de Drius, fondateur de Dreux (deuxième concession), et inventeur du druidisme, qui a retenu son nom.— Sur la biographie de ces princes, pas de question, s'il vous plaît :
— « Et à tant souffise de savoir de tous nos premiers roys, que tous furent bons princes et sans vices, dont nous devons rendre grace et louange au bon père Noé, qui telz nous les bailla : et en ce appert qu'il avoit grand désir que le monde fust bon, quand il leur bailloit de tels princes (2). »

Après le roi Drius, régna son fils Bardus,—lequel fut inventeur de rimes, c'est-à-dire de rhétorique et de musique :
« Et pour ce il fut fort renommé entre les siens, et introduisit une secte de poètes et de rhétoriciens, lesquels furent nommés bardes, lesquels chantoient mélodieusement leurs rymes avec instrumens, en louant les ungs et blasmant les autres (3). »

Voici donc trouvé le père du gai savoir, le capitaine de nos trouvères, le patriarche de la chanson française.—Nous n'avons pu recueillir aucune de ses ballades.—Constatons seulement qu'il engendra Longho, lequel fonda Langres, en Champagne (*Lingonum civitas*, troisième concession).

(1) *Roman d'Ogier l'Ardenois*.—Raimbert de Paris, XIe chant.—Barrois.
(2) *Illustrations des Gaules*, J. LEMAIRE, chapitre X.
(3) *Ibid.*

Après Longho, Bardus le jeune; après celui-ci, Lucas; puis son petit-fils, Jupiter Celtès, qui donna son nom à ses sujets. A cette époque, la loi salique n'existait pas, et nos rois n'étaient pas rigoureusement obligés d'avoir des fils : le nouveau prince n'eut qu'une fille ; mais quelle fille ! C'était une géante. Quel Celte pouvait prétendre à partager son lit et sa couronne ?—Heureusement, Hercules de Lybie vint dans nos contrées.—Comme on ne pouvait trouver mieux, Galathée dut s'en contenter.—Nos ancêtres profitèrent de l'occasion pour, du nom de leur reine, faire celui de Galls, Gaëls, Galathes, Gaulois, qu'ils adoptèrent.—Ils ont toujours aimé les choses nouvelles.—Hercules voulut leur payer sa bien-venue : —« Il se mit à fonder une grosse et puissante cité sur une haulte montaigne, en une partie de Gaule celtique, qu'on dit maintenant le duché de Bourgogne, entre Authun et Langres, qui est l'un des bons pays du monde : laquelle cité il nomma Alexia, qui signifie conjunctive ou copulative, parce que le très-noble sang de deux diverses nations y fut conjoinct, et peupla icelle grandement. Si fut depuis en grant florissance, mesmement du temps de Jules César, devant laquelle planta un merveilleux siége et fit des bastillons en forme de fleurs de lys... Maintenant Alexia n'est qu'une petite bourgade au pays de l'Auxois, non pas loing de Flavigny (1). »

Cette légende, qui fait honneur à la Bourgogne et à la Champagne, prouve que nos provinces n'ont pas, comme on l'a dit, oublié leur glorieux passé.

Hercules et Galathée eurent deux fils : Galatheus, roi des Gaules, et Tuscus, roi d'Italie et aïeul de Dardanus, fondateur de Troie. — Attention, Bonnes Gens, notre histoire, pour être un instant compliquée, n'en est pas moins vraie. —Belgius, arrière-petit-fils de Galatheus, roi des Gaëls, eut l'idée de proposer à ses sujets un changement de nom : ce qu'ils acceptèrent avec la reconnaissance due, sous notre ciel, à toute innovation. De Gallo-Celtes, ils devinrent Gallo-Belges, et n'en furent, sans aucun doute, que plus heureux. Mais on ne peut tout faire, et Belgius n'eut pas d'enfants.

Les légitimistes, car il y en avait beaucoup dans ces temps

(1) *Illustrations des Gaules*. J. LEMAIRE, de Belgis, chapitres IX et X.

primitifs, cherchèrent par tout le monde du sang de leur roi quelque goutte échappée : ils retrouvèrent la branche cadette, issue de Dardanus, florissante dans la Troade. Comme la branche ainée s'était éteinte naturellement, la délicatesse de ces princes permit à l'un d'eux d'accepter la couronne. Un de ses descendants, Namnès, eut un fils nommé Remus,— « lequel édifia la cité de Reims, en Champagne, en nostre Gaule-Belgique, où les très-chrestiens roys de France sont consacrés et prennent leur couronne. Si commença à régner iceluy roy Remus, l'an après la fondation du royaume des Gaules IX cens LIII ans,—et après la fondation de Troie, 267 ans, et devant la destruction de Troie, 30 ans, et régna encore VIII ans après icelle : ainsi appert que la cité de Reims fut fondée environ le temps que Troie commença à prendre sa destruction, comme si Dieu voulust que les nobles Troyens laissassent Asie pour venir habiter en Europe (1).»

C'est ce qui arriva : Remus était cousin de Priam ; aussi, Francus ou Francion, fils d'Hector, vint-il chercher un asile à Reims, à la tête des Phrygiens fugitifs. Remus lui octroya l'hospitalité la plus large et lui donna même sa fille en mariage. Nos frères auraient saisi cette nouvelle occasion de commuer leur nom de Belges ; ils seraient devenus Francs, et de Francus seraient issues nos trois dynasties.

Telle est l'histoire de la Gaule-Belgique proposée par Annius de Viterbe, d'après certains manuscrits de Bérose et de Manéthon, que lui seul aurait vus. Tel est le récit adopté par Jehan Lemaire, dans ses *Illustrations de l'histoire des Gaules*. Il eut crédit en France pendant le XV et le XVI siècle, et pendant la première moitié du XVII. Le discuter! nous ne le pouvons ici. Ce qu'il avait de vrai, c'est que les Gaulois venaient d'Orient : ils ont bien

---

(1) *Illustrations des Gaules*, J. LEMAIRE, livre II, chapitre II. — Est-ce précis? — Ne voilà-t-il pas des dates nettement posées? — Quelle belle occasion pour donner la solution de mille problèmes historiques! J. Lemaire s'en permet plus d'une, notamment celle-ci : — « Du premier ravissement de la belle Hélène par Théséus, roy d'Athènes, et comment elle fut recouvrée, sa virginité saulve, suivant la commune opinion. »

pu se laisser séduire par des légendes analogues à celles que les esprits fins d'Athènes et les esprits forts de Rome avaient adoptées et chantées en vers immortels.

Mais, à cet édifice si savamment charpenté grand malheur arriva. Dès la fin du XIV⁰ siècle, les *Annales du Haynault* furent écrites par Jacques de Guise, chroniqueur non moins riche d'imagination qu'Annius de Viterbe et Jean Lemaire. Il découvrit, c'est lui qui l'assure, une assez jolie pléiade d'historiens, dont les œuvres (voyez la misère!) ne se sont jamais retrouvées ; et avec ces matériaux authentiques, à son tour il bâtit une histoire de la Gaule-Belgique non moins vénérable par son antiquité, non moins précise dans ses dates que celle d'Annius, mais, hélas ! n'ayant pas le moindre rapport avec elle. — Voici son thème :

Cinq ans après la chute de Troie (le monde avait alors 2788 ans), un prince phrygien, nommé Bavon, s'établit dans la Gaule Belgique, qui comprenait toute la Champagne, et s'y fit reconnaître pour roi.—Bavon le Belge, son fils et son successeur, fonda l'ordre des druides, dont il fut le chef.— Bavon le Lion,—Bavon le Loup,—Bavon le Brun,—Brunehulde,—Bruno,— Aganippe, — Audangier, —Hérisbrand, furent ses successeurs, et, comme lui, furent archidruides. Les habitants de Belgis profitèrent de ce que ce dernier n'avait pas de fils pour se donner le plaisir d'élire un roi. Fantaisie bien permise, vu les circonstances. On choisit donc un monarque vigoureux, mais laid et velu. Ursus était son nom. Cet élu du peuple tuait ours et sangliers d'une chiquenaude, et possédait plusieurs épouses légitimes (la polygamie n'était pas encore un cas pendable). La famille royale se composa bientôt de trente-quatre princes, pères, à leur tour, de soixante-quatorze fils. Grand était l'orgueil de la majorité populaire, quand elle voyait passer le potentat de son choix et sa vaste lignée. Mais, dans ce monde, tout lasse, tout passe, tout casse. Les principes de souveraineté nationale mis en mouvement lors de l'élection d'Ursus avaient laissé dans les esprits une agitation qui ne s'était pas calmée. Les Belges aspirèrent au progrès, et déclarèrent que l'unité, la centralisation du pouvoir étaient des obstacles à leur bonheur : chaque peuplade réclama son autonomie et s'insurgea. Grand politique, précurseur des révolutions de 1789 en France, de 1860 en Italie, Ursus déclara qu'il entendait que ses sujets fussent heureux tous ensemble et de la même manière. Et pour comprimer plus facilement la révolte, il transporta de Belgis, la capitale traditionnelle, à Trèves, le siége du gouvernement unitaire. Grande fut la stupéfaction dans la vieille métropole. Les hommes restaient indécis, mais les dames leur déclarèrent qu'il fallait défendre leurs antiques principes. Leurs instances, leurs allocutions étaient vaines. Alors, pour couvrir les Belges de honte et les chasser du forum, où des lâches n'étaient pas dignes de rester, elles eurent recours à un moyen un peu vif, mais nouveau (1) :

    Ce que c'était, je pourrais vous le dire ;
    Mais je me tais, par respect pour les mœurs (2).

L'effet fut prompt et foudroyant. Les citoyens de Belgis cédèrent la place à leurs vives et chastes moitiés : elles se mettent à l'instant à la tête de l'insurrection, massacrent la postérité d'Ursus, prononcent sa déchéance, absolument comme si la chose eût eu lieu de notre temps, proclament leur souveraineté, puis donnent la couronne de la Gaule-Belgique à la fille du dernier archidruide, la vaillante Ursa. Cette intrépide princesse déclare la guerre au champion de l'unité. Les unitaires et les séparatistes se livrent, à Mormal, une terrible bataille. Les amazones sont victorieuses, mais laissent sur le champ de bataille 40,000 d'entre elles pour le moins, sans compter les femmes de chambre, les coiffeurs, les hommes et les valets. Depuis ce temps, les dames de Flandre et de Champagne ont joui de la plus haute considération, sans avoir eu jamais besoin de recourir à des moyens traditionnels pour rétablir leur autorité.

Quoi qu'il en soit, Ursus fut tué, et l'unité belge anéantie pour toujours. Après son triomphe, Ursa prit à mari Gurgunsius, prince breton qui était venu à son secours. A la même époque, deux enfants de l'amour et du hasard, allaités par une louve, élevés par le berger Faustulus et sa femme Laurentia, Romulus et Remus, à la tête d'une bande de brigands italiens, fondaient une ville dont peut-être vous avez entendu parler, Rome. A la suite d'une querelle un peu trop accentuée, Romulus tuait Remus. Les partisans de ce

(1) *Viros, posterioribus denudatis et ipsis demonstratis (secretis tamen partibus coopertis), effugarunt.* — J. DE GUISE, livre II, page 68.

(2) J.-P. DE BÉRANGER.

dernier, contrariés dans leurs sympathies politiques, notifièrent à leur patrie qu'elle n'aurait pas leurs os, et partirent pour la Champagne. La reine Ursa s'empressa d'accueillir ces nobles étrangers et de leur donner un territoire sur les confins du Vermandois. Les amis de Remus, *amici Remi*, devinrent les *Remi*, les *Remenses*, les Rémois, et fondèrent la cité de Remus, *civitatem Remi*, que les Celtes nommèrent Durocort, sous prétexte que son enceinte renfermait un cours d'eau. La ville de Reims, car, nous vous l'avouons, il s'agit de cette illustre cité, s'accrut et s'embellit avec une rapidité prodigieuse, au point qu'elle tenta la curiosité, j'oserai même dire la cupidité de ses voisins les Sénonais. Mais la reine Ursa (*Beer*, en thyois et en flamand) vint à leur secours et passa l'Aisne sur un point qu'on nomma dès lors Berry (*quia transivit regina Beer hic*), bâtit près de Reims, sur une montagne, un château qu'on appela Berru (*quia adventavit regina Beer huc*), vainquit les Sénonais et couvrit Reims de temples et de palais, où les marbres les plus précieux étaient prodigués. Elle y creusa le lit d'une rivière, qu'elle baptisa d'abord du nom d'*Ursa*, puis de *Vitula*, quand elle devint vieille, de *Vedula* ou *Vezula*, quand elle fut veuve, et qui maintenant coule sous le nom de *Vesle*. Bien plus, elle dit aux enfants de Remus : — « Rémois, je vous aime ; et pour vous le prouver, je vous donne pour duc Frichembault, mon second fils. » Un jour, que ce jeune prince revenait du pays des Allobroges, qu'il avait domptés, la reine sa mère, allant à sa rencontre, se noya dans une rivière de Champagne, qu'on nomma dès lors *Materne*, *Matrona*, et plus tard *Marne*. Frichembault eut pour successeur son fils Frichembault II : et sous ces deux princes, les Rémois goûtèrent une félicité sans bornes. L'histoire ne dit pas combien ils usèrent de constitutions.

Cette légende n'est pas moins curieuse que celle d'Annius ; elle repose sur des bases non moins certaines que celles qui servent d'assises aux récits de Jean Lemaire. Les villages de Berry et de Berru, les rivières de la Vesle et de la Marne sont toujours à leur place. Une des portes de la ville de Reims porte encore le nom du duc de Frichembault, devenu par corruption Fléchambault. Jusqu'à nos jours, dames et demoiselles de Flandre et de Champagne profitent encore du coup d'Etat exécuté par leurs aïeules : elles n'ont cessé de voir à leurs pieds l'amour, l'estime et l'amitié.

La chronique brodée par Jacques de Guise, pendant plusieurs siècles, ne fut pas moins populaire que sa sœur : toutes deux s'accordaient pour donner à Reims, la ville du sacre, une origine perdue dans la nuit des âges : les nuages de la légende la rendaient vénérable : *tanta moles erat Remensem condere gentem.* Les uns tenaient pour la descendance de la géante Galathée, les autres pour la lignée de l'intrépide Ursa. Ces vieux partis eurent leurs ménestrels, et leurs œuvres, naturellement, ouvrent notre recueil.

De fait, la Champagne, peuplée par des tribus parties des plateaux de l'Asie, renfermait plusieurs peuplades, quand l'histoire positive daigne jeter les yeux sur elle : les Soissonnais, les Rémois, les Véromanduens, les Meldes, les Sénonais, les Lingons, les Tricasses, les gens de l'Arduenne et de l'Hannonie se partagent son territoire. Ils adorent des dieux barbares : les druides essaient de les civiliser ; les bardes leur récitent des chants de guerre, et des fées bonnes et puissantes errent dans leurs forêts, dans leurs plaines désertes, et veillent sur eux.

De cette lointaine époque restent deux chants que nous n'avons pu nous procurer. Indiquons-les à des gens plus heureux que nous. L'un est une chanson d'invocation adressée aux fées et récitée naguère encore dans les villages de la Haute-Marne ; l'autre est une chanson que les enfants des Ardennes d'outre Meuse disaient en allant quêter des gâteaux le Mardi-Gras ; le premier vers rappelle le nom du dieu gaulois Abellion.

Un regret à ces chants qui s'en vont, et passons outre. — Dès que l'histoire rencontre les Gaulois, elle les voit chanter et se battre. — Brennus, à la tête des Sénonais, passe les Alpes, envahit l'Italie, prend Rome. La Ville éternelle va périr à son berceau, quand nos ancêtres sont battus, par qui ? par des oies. — De là bien des chansons. Les seules que nous puissions citer sont trop modernes pour obtenir place ici.

Les Gaulois battus, mais toujours chantant, étaient rentrés dans les Gaules et rapportaient dans nos contrées les vignes de l'Italie. Elles y prospérèrent comme vous savez, et dès lors commencèrent une suite d'invasions, qui, les auteurs les plus graves l'assurent, n'avaient d'autre but que de goûter les vins de France la Jolie. La question fut, dès lors, de savoir qui pourrait dire :

> Lorsque le Champagne
> Fait, en s'échappant,
>   Pan, pan,
> La gaité me gagne
> L'âme et le tympan.

Les Germains profitent des querelles des Celtes pour venir vendanger dans leurs vignes. Nos pères imaginent d'appeler les Romains à leur secours ; mais bientôt ils s'aperçoivent de leur faute et se liguent pour chasser l'homme du Sud. Les Rémois, les Lingons, les Messins s'allient aux Romains et leur doivent la civilisation et des libertés respectées par nos rois. Les confédérés marchent sur Reims : la division les perd, et César dissout la ligue. Rome accorde à ses alliés le titre de frères, des priviléges et de splendides monuments. Sans doute, la tradition qui donnait à Reims Remus et ses partisans pour fondateurs, fut la base de cette alliance : un arc de triomphe, construit dans nos murs dans le premier siècle de l'ère chrétienne et encore debout, porte sur un de ses bas-reliefs la légende de Romulus et de Remus allaités par une louve. En 1170, Henri de France, archevêque de Reims, va bâtir son palais près de cet arc triomphal, encore aujourd'hui nommé la porte de Mars. Les fortifications ne l'absorbèrent entièrement qu'en 1544. Plus tard, ce vieux castel, devenu le nid de la ligue, fut détruit par les royalistes, et on vit reparaître l'histoire des deux frères fondateurs de Rome et de Reims.

Ces récits des temps gallo-romains ont aussi leur place dans notre recueil. Les Gaules ne sont plus qu'une province de l'empire : les lettres, les arts y prennent racine, et, en passant les Alpes, le christianisme vient régénérer le vieux monde. Nous avons publié les légendes de nos vierges martyres, celles de nos premiers évêques : ces proses, ces antiennes sont des pages de notre vieille histoire. L'Église de Champagne lutta contre les persécutions impériales, contre les invasions des Barbares. Saint Didier, à Langres, saint Nicaise, à Reims, meurent en défendant leurs troupeaux ; et nos poètes n'ont pas oublié leur saint dévouement.

Cependant les Francs ont envahi l'orient des Gaules, et devant eux reculent les aigles de Rome. A leur tête apparaît Pharamond, le dernier de nos rois légendaires, le premier de nos rois historiques. Nos trouvères le font sacrer à Reims : c'est dans les murs de cette ville à la longue vie qu'à l'aide de quatre docteurs, ils lui font promulguer la loi salique (1), cette vieille loi que nos révolutions, sans respect pour tant de choses sacrées, n'ont pas encore osé braver. — Mais, chut! ne signalons pas trop haut un principe encore debout.

Pharamond aurait été enterré, suivant les uns, à Fromont, dans les Vosges, près de l'abbaye de Senones (charte de 1261); suivant d'autres, à Brimont, près Reims, ou même encore plus près, dans le terrain des arènes, près de la porte de Mars. Quoi qu'il en soit, sa mémoire est restée populaire dans nos murs, et nos poètes, après quinze siècles, savaient encore son nom.

Les Francs, maîtres de l'Austrasie et de la Belgique, les défendent contre les Barbares. Sainte Geneviève, au nom vénéré dans nos vallons, fait reculer Attila. L'étoile du conquérant s'éteint dans les plaines de Châlons-sur-Marne, et la Champagne garde la mémoire de la sainte bergère.

La francisque à la main, sur son cheval de bataille, apparaît un roi chevelu : vainqueur à Tolbiac, il courbe la tête devant le Dieu qu'adorent sainte Clotilde, sainte Geneviève et saint Remi, et l'histoire de Clovis devient la base de leurs légendes. Le paganisme est vaincu : le Sicambre courbe la tête devant l'autel du Christ, et le ciel envoie au saint évêque la colombe et la sainte ampoule ; à la sainte reine, l'écu d'azur aux fleurs-de-lis ; à ses descendants, le don de guérir les écrouelles.

Après la légende, reparaît l'histoire. Les Mérovingiens se partagent la France ; la Champagne fait partie de l'Austrasie. Reims et Soissons sont parfois capitales, et nos chansons traditionnelles, nos cantiques, gardent la mémoire du bon roi Dagobert, de notre reine sainte Radégonde, de saint Sigebert, de saint Dagobert et de saint Hubert, l'allié de la famille royale.

Cependant les petits-fils de Clovis disparaissent; des ministres de moins en moins responsables et de plus en plus

---

(1) Article 6. — Mais que de la terre salique nulle portion ne vienne à la femme, et que toute l'hérédité de la terre passe au sexe viril.

ambitieux finissent par s'adjuger la couronne. L'histoire de ces temps est obscure ; mais la légende, sans sourciller, prend son parti : la famille ardennaise de Pépin descend des Troyens; le nom d'Ansegise, le père de Pépin d'Héristal, ne rappelle-t-il pas celui d'Anchise, le père du pieux Enée? Quand on se donne des aïeux, on ne saurait les choisir en trop bon lieu. D'ailleurs, n'était-il pas flatteur de voir nos ancêtres chantés par des ménestrels tels qu'Homère et Virgile? Quoi qu'il en soit, l'histoire, celle qui s'imagine savoir la vérité, nous montre les ancêtres de Charlemagne préparant leur fortune dans les domaines héréditaires d'Héristal et de Landen. Les Ardennes, forêts séculaires où les Romains n'entrèrent qu'à peine, que les Barbares ne traversèrent qu'en tremblant; les Ardennes, dernier domaine des druides et des bardes, dernier temple d'Arduina, la Diane de nos contrées, donnent à la France une dynastie, à la nation un grand homme, aux lettres l'épopée carlovingienne, l'épopée française, populaire encore après dix siècles !

Les Pépin et les Karl montent sur le trône et fondent la nationalité française, la nationalité de la gloire. L'expulsion des Sarrasins et la défaite de Roncevaux, depuis dix siècles, n'ont cessé d'être chantées. Des épopées, d'âge en en âge traduites et remaniées, racontent au peuple toujours attentif les exploits de ces Ardennais, dont le bras martelait les ennemis de la France.

A leurs côtés, alliée de cette race victorieuse, s'est élevée une autre famille moins connue de nos chroniques, mais plus chère à nos légendes, celle de Turpin d'Ardennes, le compagnon, l'émule des premiers Pépin. Il a deux fils : l'aîné, Thierry d'Ardennes, Thierry l'Ardenois, est ce preux qui frappe d'estoc et de taille dans tous nos romans de chevalerie, ce preux que l'Eglise de Liége compte, encore de nos jours, au nombre de ses premiers protecteurs.

Le duc d'Ardane n'eut qu'un fils nommé Thierry comme lui : leur nom et leurs exploits se confondent ;—partout où l'on peut donner des coups et gagner de la gloire, ces deux rudes enfants de nos montagnes se présentent ; partout ils frappent, pourfendent, décollent les ennemis de la France. Il n'est pas possible que la poésie ait jeté tant de gloire sur des êtres chimériques, sur des fantômes de bravoure. Elle a payé la dette de l'histoire.

Turpin d'Ardennes eut un second fils nommé Doolin ou Doon. Quelle immortelle postérité ce fils de nos forêts laisse après lui ! C'est d'abord Haymon, ses quatre fils, leur aîné Renaud, dont nous avons conté l'histoire. Sauvages montagnards, ils débutent dans la vie par ensanglanter la cour de Charlemagne, et soutiennent contre lui une guerre désespérée. Les bataillons de l'empire les écrasent, mais ils partagent sa gloire, et morts depuis plus de mille ans, ils vivent encore dans la mémoire des hommes.

Haymon a deux frères : l'un, Geoffroy, le marquis d'Ardennes, est père d'Ogier l'Ardenois, dont nos fillettes chantent encore la valeur ; l'autre est Turpin, le chroniqueur de Roncevaux, Turpin, l'archevêque de Reims. — Ah ! longue mémoire à ces hommes de vieille race, que trois générations ont sans doute vus à cheval, bardés de fer, la lance au poing, que trois générations ont suivis de champ de bataille en champ de bataille ! Longue mémoire à ces hommes dont l'histoire est la nôtre, dont les lauriers sont nôtres, dont la vie fut celle de nos pères !—Chantez, ménestrels, chantez les fées qui remuèrent leurs berceaux, qui forgèrent leurs épées ! Chantez leurs chevaux indomptés, ces bêtes de tant d'esprit ! Chantez Renaud, Ogier et Bayard ! C'est la gloire des Ardennais, c'est le renom de leurs coursiers que vous chanterez.

En dépit de ces chansons aux mille couplets, les Carlovingiens passèrent comme un éclair. Une nouvelle race, fille des Gallo-Romains, monta sur le trône. A elle aussi sa légende, sa gloire et son épopée.

Mais revenons au *Romancero de Champagne*. Les noms de nos comtes, sous les deux premières races, percent à grand'peine les ténèbres du Moyen-Age ; la monarchie unitaire de Charlemagne s'est anéantie ; l'esprit de race s'est réveillé, et sur les ruines de la centralisation s'élève la féodalité. C'est ainsi qu'en France, on court d'une extrémité à l'autre : l'usurpation et la force règnent partout. Herbert de Vermandois, issu de la race carlovingienne, s'empare de Meaux, de la Brie, de Troyes, se proclame comte de Champagne et meurt en 943, bourrelé de remords d'avoir trahi son roi légitime. De ses successeurs point ne ferons ici l'histoire : braves, éclairés, généreux, amis des arts et des lettres, ils ont laissé derrière eux un renom encore populaire. Les souvenirs de leur règne sourient à nos antiques cités, comme aux vieillards la mémoire de leur brillante jeunesse. Avec eux, elles ont acquis, avec eux, elles ont perdu richesses et franchises ; de leur temps et longtemps après eux, la monarchie comptait avec elles. Alors, en Champagne, on se souciait peu de savoir ce que voulait Paris ; alors, en Champagne, on faisait ce que voulait la Champagne.

C'est au milieu des jours d'indépendance et de prospérité de notre province que sonna la trompette des croisades ; c'est encore des Ardennes que sort le preux des guerres d'Orient. Godefroy, sire de Bouillon, le châtelain de la poétique Sémoys, vend sa terre et passe roi de Jérusalem. Ses exploits en font le héros légendaire d'un poème qui vivra tant que battra le cœur de l'homme au récit des grandes actions, à l'harmonie des beaux vers.

Tous les trouvères ont chanté les Champenois empereurs, les Courtenay, les de Brienne; les Champenois devenus ducs, princes, connétables ou maréchaux, les Dampierre, les Villehardouin, les Macaire de Sainte-Menehould, les Gauthier, les Geoffroy de Méry. —Faut-il encore citer le sénéchal du royaume de Jérusalem, Geoffroy de Sargines, le vassal de l'archevêché de Sens, ce brave chevalier, dont Rutebœuf a chanté la mort dans une éloquente complainte?

Parmi les preux de Champagne chers aux chansonniers, citons encore Erard, seigneur de Valery, le connétable de Champagne, le grand chambellan de France, le héros de trois croisades. Modèle de bravoure et de sagesse, il était le père des soldats, l'ami des ménestrels. Tous nos trouvères avaient pour lui des rimes amies :

> Arriva là le pas seri
> Messire Erard de Valeri,
> Un haut baron courtois et sage
> Et plein de si grant vasselage,
> Que son cors et ses fais looient
> Tout cil qui parler en ooient (1).

Les expéditions d'Orient ne suffirent pas toujours à dévo-

---

(1) *La Branche aux royaux lignages.* — Guillaume Guiart.

rer l'esprit turbulent de nos pères. La minorité de saint
Louis vit naître la guerre civile, et notre comte Thibault, le
roi ménestrel, eut le tort de se liguer contre un enfant avec
des factieux égoïstes. Nous publions tous les sirventes rimés
à cette occasion : la Champagne les entendit chanter; elle
suivit son comte à la guerre, mais ne l'y conduisit pas.
Nos pères aimaient leur indépendance provinciale, mais
respectaient le trône des lis. Aussi, quand la ville de Troyes
décora de vitraux son église de la Madeleine; quand les
peintres-verriers, dans la chapelle placée sous l'invocation
de Louis IX, racontèrent avec leurs pinceaux la légende du
saint monarque, ils représentèrent Thibault aux pieds de
son souverain légitime avec cette légende :

  Plusieurs, sous le roy de Bretaigne,
   N'eurent foy ni honneur :
  Mais Thibaut, comte de Champaigne,
  Se donne à son vray seigneur.

Ce quatrain était le jugement de la Champagne sur cette ère
de troubles et de chansons mordantes. A la cour de saint Louis,
on aimait les couplets ; les princes de la famille faisaient
chansonnettes et sirventes; mais les races des princes
aimables et lettrés subissent la loi commune aux choses de
ce monde. La branche aînée de la maison de France, la descendance royale des comtes de Champagne, rois de Navarre,
s'éteignirent presqu'en même temps.

 Les premières années du XIVᵉ siècle virent notre vieille
province réunie à la couronne. Pendant quatre cents ans,
elle avait vécu libre, riche, lettrée, glorieuse, fidèle à ses
princes qu'elle aimait ; pendant quatre cents ans, elle s'était
gouvernée, et cette période est la plus brillante de son histoire. Elle accepte loyalement sa nouvelle bannière, mais
n'en pleure pas moins son commerce perdu, la cour splendide de ses princes, sa nationalité supprimée.

 La maison de Champagne était encore alors représentée
par les comtes de Sancerre, issus d'une branche cadette de
cette vieille race. Vers eux se tournaient tous les regards de
nos pères ; en eux reposait l'espoir d'une résurrection nationale, d'une restauration du cri, des armes de Champagne.
Aussi, quand, en 1402, après un siècle de longue attente,
vint à mourir le dernier preux de la race de Thibault, de
ces princes que l'amour des peuples avait surnommés le

Bon, le *Libéral*, le *Grand*, quand vint à mourir Louis de Champagne, comte de Sancerre, le vainqueur des Anglais, l'intrépide connétable de France, un grand cri de douleur retentit dans nos vieilles cités. Avec lui périssait le dernier espoir de l'indépendance ; avec lui périssait ce glorieux écusson connu des bords de la Tamise aux murs de Jérusalem ; avec lui s'éteignait le dernier écho de ce cri redouté : *Pass' avant li millor! pass' avant au comte, pass' avant!*

Lisez, Bonnes Gens, lisez les ballades que fit alors notre poëte national, Eustache Deschamps, l'enfant de Vertus, le bailli de Fismes! Il est l'organe de la douleur publique. Ses deux complaintes sont les chants de deuil de la Champagne à jamais veuve de son nom, spoliée de sa vie, attachée pour longtemps au char de la maison de France, et depuis... Mais n'anticipons pas sur la chanson de l'histoire.

Dans ces XIVe et XVe siècles, si pleins de tristes souvenirs, la France a vu deux fois la loi salique mise en question. L'Angleterre, qui déjà ne connaît d'autre code que son intérêt matériel, qui, pour assouvir ses passions, sait accumuler guerres et révolutions, veut mettre la main sur la couronne des lis. Alors commence la guerre de cent ans ; alors commence la longue complainte de nos malheurs, la légende de ces combats où nous perdons tout, fors l'honneur, la sanglante épopée de cette lutte sanglante, qui finit par le triomphe de la maison de France, le triomphe de notre nationalité. Pendant cent ans, les bonnes gens de Champagne, sans comte pour les conduire au combat, mais à jamais français de fait et de cœur, se font tuer aux cris de : Vive la France!

Si notre province a toujours ses hommes d'armes, cette fois encore, elle a son ménestrel. Eustache Deschamps, pendant soixante ans, chante sa patrie, la France, ses rois, leur gloire et leurs malheurs. Toute notre histoire est dans ses chansons. Malin, franc parleur, ennemi du mensonge et de la trahison, il a suivi la cour sans se laisser corrompre ; il donne à nos princes de sages conseils et ne craint pas de leur dire :

> Il n'est qu'un roy qui ait titre certain,
> Et tous règnes procèdent de ce roy :
> C'est un seul Dieu, qui est seul souverain,

>   Qui tout créa et qui tout a en soy.
>   De luy vient tout ; les autres, par ma foy,
>   Puet déposer des règnes de la terre,
>   S'ils sont pervers et ne gardent sa loy :
>   De tel seigneur fait bon l'amour acquerre (1).

Deschamps est le ménestrel de l'honneur, le trouvère du devoir ; parmi ses refrains, nous en citerons deux, qui sont restés proverbes :

>   Mieulx vault honour que honteuse richesse (2),

et

>   Fay ce que dois et aviengne que puet (3).

C'est aussi le champion de l'égalité, de la liberté, de nos vieilles franchises provinciales : lisez sa *Ballade des Champenois* (4) :

> Contens sont de vivre en franchise (4).

Il établit ailleurs qu'un prince doit

>   ..... mener doucement
>   Ses vrais subgiez, sans asservir nulli (5).

Ce qui perd le prince, dit-il, c'est de

> Trop convoiter ses subgiez asservir.

Et il arrive à

> Par asservir ses subgiez esmouvoir (6).

Il aime les enfants du peuple : dans une de ses belles ballades, il dit au roi :

>   Prince, n'aiés nul saige homme en despit,
>   Si grand estat n'a ou robe fourrée :

---

(1) *OEuvres de* Deschamps. — Crapelet, page 2.
(2) *Ibidem*, page 4.
(3) *Ibidem*, page 12.
(4) *OEuvres d'*Eustache Deschamps, tome I, page 147.
(5) Edition Crapelet, page 23.
(6) *Ibidem*, page 35.

> Car tel scet moult, qui est povre et petit;
> On ne congnoist aux robes la pensée (1).

Dans une autre de ses chansons les plus énergiques, au nom d'Adam notre père, il rappelle à tous l'origine commune des hommes dans ce refrain :

> Nous sommes tous d'une pel revestus.

Ennemi cordial des Anglais, Deschamps, dans vingt chansons, appelle la France aux armes et la pousse contre cette Angleterre, la cause de tous nos maux. Une de ses ballades se termine par cet énergique cri :

> Sé la paix n'est, vé à toi, Angleterre (2).

Il réveille les prédictions attribuées à Merlin, prédictions fatales à l'orgueilleuse Albion :

> Puis passeront Gaulois le bras marin,
> Le povre Anglès détruiront si par guerre,
> Qu'a donc diront tuit passant ce chemin :
> — Au temps jadis, estoit cy Angleterre (3).

Ailleurs, il appelle contre elle les aigles du nord, les lions du sud, les Français, les Ecossais, et les pousse à livrer une dernière bataille :

> Franc et Escot, li ancien Breton,
> Les fils de Bruth et toute leur lignie
> En un conflit feront crier leur nom,
> Et là sera grant bataille establie.
> Du sang des morts de chascune partie
> Fleuves courront. Et véritablement
> Les fils de Bruth mourront là à tourmente.
> Et dès ce jour n'ont espoir de mercy.
> Destruiz seront : c'est leur définement :
> Tant qu'on dira : — Angleterre fut ty (4)!

Si le comte de Sancerre est le dernier enfant de nos comtes, Deschamps est le dernier de nos trouvères. Lisez ses

---

(1) Edition Crapelet, page 18.
(2) OEuvres d'Eustache DESCHAMPS, tome II, page 142.
(3) OEuvres d'Eustache DESCHAMPS.—Crapelet, page 31.
(4) OEuvres d'Eustache DESCHAMPS, tome I, page 83.

œuvres : ce sont celles d'un enfant de la vieille Champagne, celles d'un bon Français, d'un homme d'esprit et de cœur.

Les ballades de Deschamps pouvaient consoler la Champagne, mais elle n'en était pas moins la proie des factieux vendus à l'étranger. La folie de Charles VI, la défaite d'Azincourt, le Waterloo du XV⁰ siècle, mirent le comble à nos misères : mais la sainte ampoule n'était pas faite pour sacrer l'Anglais. C'est ce que leur fit comprendre un peu rudement une pauvre bergère de Champagne. Son histoire, chacun la sait. Ses victoires, sa sainte mort, quel poète ne les a chantées ! Les chansons faites en son honneur sont à nous : répétons-les sans fin et remercions Dieu de ce que la philosophie n'a pas compris sa gloire ; répétons-les sans cesse, et que son nom serve à jamais de ralliement à ce que nos révolutions ont laissé sous notre ciel de Français et de chrétiens !

Jeanne paraît : l'Anglais fuit. La monarchie se relève : Charles VII, enfin, vient prendre à Reims la couronne de ses pères, et délivrer le chapitre fidèle, mais assez faible pour n'avoir pas craint de chanter :

Domine, salvos fac reges, et exaudi nos in die qua invocaverimus te.

Chant de deuil, triste monument de nos malheurs, qu'il faut rappeler d'âge en âge, pour apprendre aux hommes de nos jours, aux hommes qui nous suivent, à quel degré d'abaissement peut conduire une nation généreuse l'oubli de ses lois fondamentales.

Enfin, la France se repose, et la chanson fait comme elle. Les peuples qui ont une histoire ne sont pas toujours les plus heureux. Les peuples qui chantent leurs légendes ne sont-ils pas ceux dont le sang et les larmes ont maintes fois coulé ?

Louis XI ne fait pas de chansons, mais il aime les anecdotes joyeuses et ne les conte pas mal. Sous son règne, la Champagne est tranquille, et Coquillart la fait rire. Charles VIII succède à son père ; Anne de Beaujeu, la régente à la langue dorée, l'habile femme de Pierre de Bourbon, convoque les états généraux. Les hommes d'affaires se présentent. Intrigues, cabales, consciences à l'encan, marchés conclus, réveillent la chanson : elle peut dire aux parlementaires :

> Je reprends ma couronne,
> Messieurs, grand merci (1) !

Cependant la Providence a châtié l'orgueil de l'Angleterre. L'ambitieuse Albion n'est plus à craindre : la guerre civile, qu'elle a portée partout, la déchire ; la révolution, qu'elle a promenée sur la terre ferme, la bouleverse : c'est la justice de Dieu. — Parfois elle tarde, mais toujours elle a, elle aura son heure.

Francs et Gaulois ne peuvent rester en repos : c'est en Italie qu'ils portent la framée. François Ier et Charles Quint se sont heurtés : commence une longue guerre, qui ramène en Champagne les exploits et les chansons. — Vingt de nos pages au défenseur de Mézières, au sire de la Mark, le sauveur de Péronne, à ces braves Ardennais, dont le nom revient toutes les fois que la France menacée s'écrie : — « A moi, mes enfants ! » Quand, à Mézières, le cours de l'année ramène le 27 Septembre, que de patriotiques souvenirs réveille cette date glorieuse ! — A pareil jour de l'an 1521, sur les remparts de la ville criblés de boulets, gens d'armes, bourgeois, gentilshommes, ouvriers, debout, la blanche bannière au vent, voyaient fuir devant eux les bataillons de l'empire ; à pareil jour, depuis, chaque année, c'est fête à Mézières, et c'est une noble fête. Depuis trois siècles, on répète en chœur :

> Honneur aux lauriers de Bayard !
> Du héros cher à la victoire,
> Aujourd'hui, fêtons la mémoire !
> Honneur aux lauriers de Bayard !

Aux couplets héroïques se mêlent les couplets malins. En France, il était alors autre chose à prendre que la couronne de fleurs-de-lis : il y avait des raisins à cueillir. Les gens d'outre Rhin se figurent volontiers qu'il est facile de vendanger les vignes de Champagne. C'est un rêve qui leur sourit, comme nous le verrons encore. Cette fois, ils ne purent goûter de rien, et les Ardennais chantent sans pitié les déceptions de leur soif aussi vive que mystifiée.

(1) J.-B. de BÉRANGER.

Dans une de ces chansons mordantes, adressées à des gens qui ne mordirent rien, on les raille gaiment du régime arbitraire sous lequel ils vivent. Nous recommandons ces couplets aux écrivains de l'école libérale. C'est qu'alors, en France, si voulait la loi, si voulait le roi.

Chantons, Bonnes Gens, chantons les chansons de nos pères : leurs couplets sont les bulletins de notre histoire.

Avec le règne de François Ier finit celui des hommes dont l'épée compte dans une bataille, dont le nom vaut des armées et donne la victoire. En Champagne, plus de fées ; en Ardennes, plus d'hommes *fervestus*. Désormais, le réalisme va demander des comptes à la poésie. Mais rassurez-vous, Bonnes Gens : il aura beau poser des chiffres comme un banquier, déchiqueter l'histoire comme l'anatomiste un cadavre, semer sur la terre les doutes et les sophismes, elle saura bien lui dire :

> Passez votre chemin,
> Beau sire,
> Passez votre chemin.

Adieu donc, ballades des anciens jours! Adieu donc, cités filles des Gaules et de Rome! Adieu, villes qui n'avez reconnu la monarchie des Francs qu'en stipulant le maintien de vos franchises héréditaires! Adieu, Champagne aux nobles comtes, à la glorieuse bannière, toi que nos rois n'ont cessé de nommer leur province chérie! Adieu, montagnes des Ardennes, tombeau des paladins, berceau de nos derniers preux! Adieu, frontières de la vieille France, plaines couvertes de sang versé pour la défense de notre liberté! Votre gloire, pour être ancienne, n'en est pas moins radieuse. Les filles de la nuit, les blanches étoiles, pour être perdues dans l'immensité du monde, en brillent-elles d'un éclat moins pur? Par les beaux jours d'été, les lignes de l'horizon ne semblent-elles pas, au milieu d'une lumière harmonieuse, se joindre au ciel? Ce qui est là-bas, ce qui est là-haut ne font qu'un. Ainsi la vie du passé se mêle à celle d'un autre monde; ainsi les plus glorieux souvenirs s'allient aux plus nobles rêves de l'espérance.

Alors que les nuits sont belles, que le rossignol chante au bois, que les feux-follets courent dans la prairie; alors que les âmes descendent des cieux, et planent doucement sur les champs qu'elles ont aimés; alors qu'il est minuit,—au milieu de ces nuages à la marche lente et gracieuse, qui vont caressant les rayons d'argent de la pâle Phébé,—vous, qui rêvez, n'avez-vous jamais rien vu ?

La longue journée de la Saint-Jean, la journée merveilleuse, s'il en fut, est expirée : la douzième heure du soir vient de sonner ; l'oisel répète son chant d'amour; le parfum des premières roses embaume les airs ; la lune brille d'un chaste éclat. Dans ces nuages qui passent, vous qui rêvez, regardez : la nature se repose et se tait. — Vous tous, dont l'âme entend la voix du silence, écoutez !

Le cor fait doucement vibrer les lointains échos ; le cerf passe haletant ; les chiens le poursuivent ; derrière eux, s'avancent Clodion le Chevelu, saint Hubert, Pépin de Landen, Robert de la Mark. —La trompette appelle les preux à la rescousse : à ses ordres, se précipitent dans l'arène des cavaliers de fer, la lance au poing, Clovis, Charles Martel, Charlemagne, Ogier, Renaud d'Ardennes.—La cloche tinte, lente et solennelle. Le bourdon de Notre-Dame de Reims jette dans les airs ses notes majestueuses ; les chants sacrés retentissent au plus haut des cieux. C'est la procession des archevêques de Reims qui conduisent nos rois au sacre.— Aux armes, Champenois, aux armes! Le clairon sonne : la bannière à l'écu d'azur chargé d'une bande d'argent flotte dans les cieux. Pass' avant au comte! pass' avant! crie-t-on de toutes parts. Les comtes de Champagne chargent à fond de train Anglais et Musulmans.—Le tambour bat; le canon gronde ; la blanche bannière aux fleurs-de-lis d'or conduit au combat cavaliers et fantassins, nobles et campagnards : des cris de victoire saluent Jeanne d'Arc, Bayard et le maréchal de Fleuranges.—Plus loin, voix harmonieuses retentissent gaiment : dans une verte prairie, femmes gracieuses, beaux seigneurs, ménestrels galants, entourent un trône de fleurs où siége noble et jolie dame. La comtesse Marie tient sa cour d'amour.—Plus loin, Hugues de Payens défile à la tête de ses Templiers, et les belles filles de Provins effeuillent sous leurs pas les roses de Jéricho.

Au milieu de cette foule mobile, diaphane comme la vapeur du soir, légère comme l'âme débarrassée de la vie, quelle est cette femme à l'abondante chevelure, aux belles épaules, aux larges mamelles ? A ses pieds sont des raisins d'or et de pourpre, des flocons de laine aux mille couleurs, des casques, des épées. Que dit-elle à toutes ces ombres qui défilent devant elle?—Gloire à mes enfants! Passent avant les meilleurs!

Non, tout songe n'est pas chimère; non, tout n'est pas fini pour l'homme, quand un peu de terre a recouvert ses restes glacés : ce qui meurt, c'est le corps; ce qui vit à toujours, c'est l'âme. Non, tout n'est pas fini pour les races, quand des constitutions, fabriquées à coups de guillotine, de canon ou de pavé, ont supprimé leurs noms. Les races, comme les hommes, ont une âme qui ne meurt pas. Elle peut dormir, mais tôt ou tard elle se réveille. Sus, Bonnes Gens de Champagne! Sus, si jamais la voix qui parle dans la nuit, la voix qui parle au cœur, s'écriait : —A moi, mes enfants! Passent avant les meilleurs!

Reims, 24 Juin 1863.

PROSPER TARBÉ.

CHANTS LÉGENDAIRES

ET

HISTORIQUES

CHANTS LÉGENDAIRES

ET

HISTORIQUES

LE ROMANCERO DE CHAMPAGNE

TROISIÈME PARTIE.

CHANTS LÉGENDAIRES ET HISTORIQUES
420-1550

FONDATION DE REIMS APRÈS LE DÉLUGE.

Ainsi Reims aux François est un lieu secou-
[rable,
En mystères sacrés sur tous lieux admirable,
Non tant pour estre seul de telle antiquité,
Par le vieil Samothès le premier habité,
Lorsqu'après le déluge il bastit en Champagne
L'antique Durencourt dans sa ronde campagne,
A qui, longtemps depuis, l'un des roys souve-
[rains,
Remus, fils de Namnès, donna le nom de
[Reims :
Non que de ce Remus la fille soit sortie,
Dont la race des roys de la France est partie,

Que Francus, d'où nous vient le beau nom de
[François,
Dans la ville de Reims prit à femme autrefois.
Non, ce n'est pas Remus, mais Rémy l'ad-
[mirable,
Qui fait Reims à la France auguste et vénérable,
Qu'un ventre, jà stérile, en ce monde enfanta,
Et qui rien d'enfantin, jeune enfant, ne porta :
Mais que le Tout-Puissant tout exprès mit en
[estre
Pour faire, avec la paix, la piété renaistre,
Et rendre ce pays des guerres deschargé,
Dont le Hun et Vandal l'avoient tant affligé (1).

(1) N. BERGIER.—*Poéme de la tapisserie de Jeanne d'Arc.*
—Voir la préface.

SAMOTHÈS.—REMUS.—FRANCUS.

Grand roy, tu vois icy trois tiges de ta race
Et de Rheims deux auteurs : — Samothès, qui
[de loix
Policia le premier nos vieux pères gaulois,
Qui porte en main l'olive et la paix en la face;

Remus, des mains duquel, par la divine
[grace,
Cette couronne d'or sur ton chef tu reçois :
Puis son gendre Francus, tige des roys françois,
Qui d'un raim du laurier tes cheveux entrelasse.

Du noble sang de Troye au latin meslangé
Nasquit le grand César, qui sous l'aigle a rangé
L'empire presque entier de la terre et de l'onde.

Et toy, du sang troyen et rémois estant né,
Vray César des François, tu viens, prédestiné,
Pour sousmettre aux trois lis l'empire de ce
[monde (1).

(1) *Cérémonial françois.*—GODEFROY, tome I, page 422.
—Voir la préface.—Ce sonnet fut placé au sommet d'un
arc de triomphe élevé à Reims, le 17 Octobre 1610, pour le
sacre de Louis XIII. Il surmontait des statues de Samothès,
de Remus et de Francus.

FONDATION DE REIMS PAR LES PARTISANS DE REMUS.

Deux fils jumeaux, Remus et Romulus,
Nez de Rhéa, d'une louve alaictez,
Par un pasteur appellé Faustulus
Et par sa femme gardez et bien traictez,
Furent depuis si hautement montez
Qu'ils firent Rome dominant sur tous hommes.
Les gens Remus, hors de Rome boutez,
Fondèrent Rheims, la cité où nous sommes (1).

(1) *Cérémonial françois*. — GODEFROY, t. I, p. 188. — Quand Charles VIII vint se faire sacrer à Reims, le 30 Mai 1484, il trouva, près de l'église de la Madeleine, un échafaud sur lequel étaient deux jeunes enfants nus et allaités par une louve. Près d'eux étaient Faustulus et Laurentia, **sa femme**. Un écriteau portait ces vers. — Voir la préface.

REMUS, FONDATEUR DE REIMS.

Roy, le premier des roys, fils aisné de l'Eglise
Et de ce roy sans pair, à qui tu symbolise
En graces, en vertus, en clémence, en vigueur,
Moy, fille de Remus et ville de ton sacre,
En te donnant mes clefs, à tes pieds je consacre
De tous mes citoyens et les biens et le cœur (1).

(1) Voir la préface.—*Cérémonial françois.* — GODEFROY, t. I, p. 421.—Le 17 Octobre 1610, quand Louis XIII vint se faire sacrer à Reims, ces vers lui furent récités par une jeune fille vêtue en nymphe, qui lui présenta les clefs de la ville.

TROIE ET REIMS.

Rheims remit la grand' Troye en sa gloire
[première,
Puisqu'au temps que les Grecs la privoient de
[lumière,
Rheims nasquit plus luisante et pour Troye et
[pour soy.
Si l'on les voit brusler, c'est de diverse
[flamme :
Car Rheims brusle en son cœur pour l'amour de
[son roy,
Et Troye, en ses palais, pour l'amour d'une
[dame (1).

(1) 17 Octobre 1610.—*Cérémonial françois.*—GODEFROY,
t. I, p. 421.—On lisait ces vers sur l'un des côtés d'un arc
de triomphe élevé à Reims pour le sacre de Louis XIII.—
Voir la préface.

LA LÉGENDE DE LA REINE URSA.

Urse, roine des Belges, en son ventre porta
Une nymphe jadis, qu'à Reims elle enfanta,
Que ceste roine heureuse et vaillante à la guerre
Lors appela Vidule, et Vesle le vulgaire,
La sœur à Fléchambault, son cœur et sa moitié,
Eternelle en son cours et en son amitié (1).

(1) N. BERGIER. — *Bouquet royal*, page 35. — Voir la préface. — Ici l'auteur n'accepte pas entièrement la chronique de Jacques de Guise. Qui des deux a tort? — Nous laissons cette question à vider nettement aux hommes qui plongent leurs études dans le gouffre de nos origines historiques.

AGENDICUM.

Je m'appelle Guillemette :
De mette
Je suis faicte
Pour la guette
Et sonner la retraite
De Gentico (1).

(1) Dans l'église Saint-Pierre de Provins, était une cloche portant ces vers. On a cru voir dans le mot *Gentico* un souvenir d'*Agendicum*, et on en a conclu que Provins était l'*Agendicum* de César, à la grande confusion des gens de Sens : opinion que nous ne partageons pas ; mais nous avons dû citer ce couplet comme monument légendaire. — La *Guillemette* fut brisée en 1279, parce qu'elle avait sonné le tocsin dans une émeute dont la *Chronique de saint Magloire* raconte ainsi le dénouement :

Un an après, ce m'est avis,
Fut la grand douleur à Prouvins.
Que de pendus ! que d'afolés !
Que d'occis ! que de décolés !

REIMS ET JULES CÉSAR.

O tu, cité très noble et très ancienne,
Qui, jadis, fus fondée de Remus !
Reins t'appella de son nom Rancienne :
Rome fonda ses frères Romulus.
   Le sénat t'acousina,
Quant Julles Cesar ses osts mena
Pour conquerre Gaule, France nommée,
Et ton confort requist et demanda :
Tu dois estre sur toutes honourée.

Car tu laissas premiers la loy payenne
Par saint Remi, qui de Laon fut dus,
Et te meis à la loy chrestienne,
Quant le princes nommez Clodoveus
   A donc se crestienna,
Par la victoire, que Dieux lui donna,
Des ennemis estans en sa contrée :
Et comme Dieux tel signe te monstra,
Tu dois estre sur toutes honourée.

Lors délaissa toute loy arrienne
Par Clothilda garnie de vertus :
En cellui temps estoit la cité sienne.
Ly premier roys chrestiens fut veus ;
   Saint Remi le baptisa ;
Et Saint Esperit une empole apporta,
Des cieulx lassus, dont sa char fut sacrée.
Et quant chascuns de tes roys tel sacre a,
Tu dois estre sur toutes honourée (1).

(1) Eustache Deschamps composa cette chanson à l'occasion du sacre de Charles VI, en 1380. — Elle n'est qu'une suite d'allusions à l'histoire de Reims pendant les premiers

LA BALLADE DE CÉSAR AU PAYS DE REIMS.

Quant Julius Cesar, dus des Romains,
Vint en Gaule la terre conquérir,
Un jour logea entre Soissons et Rains
Sur un hault mont : mais, pour luy requerir,
    De Senlis et de Nevers,
D'Arras, de Noyon et des pays divers,
Vont les princes pour luy contrarier.
Lors à ses gens dist : —Soyez appers :
François perdent leur temps à conseillier.

Car les Galois venoient par les plains
A grant desroy, et puis quand virent yssir
Les gens Cesar entr'eulx restrains
Et au conseil vussiez chascun fuir.
    Lors dist : —Ceuls seront nos sers.
A conseillier sont ces Galois expers,
Mais ne scevent leurs consaulx exploiter.
Ferez en eulx. Soyez vistes et vers.
François perdent leur temps à conseillier.

Ainsi fut il,—et est, si com je tiens.
Leurs longs consaulx en a fait maint périr ;
Encor fera, si, com je suis certains,
Exécuteur fault en armes quérir.

siècles de l'ère chrétienne. — *Rancienne* : le poète veut-il dire très-ancienne, deux fois ancienne, ou bien joue-t-il sur la vieille orthographe du nom de la ville de Reims, qui s'écrivit, au Moyen-Age : *Rains* ?

Ce n'est pas mestier de clers.
S'on n'y pourvoit, royaumes, tu te pers :
Un cuer vaillant peut ton fait redrecier.
Sinon partout sera cilz mos dispers.
—François perdent leur temps à conseil-
[lier (1).

(1) Eustache Deschamps.—Crapelet, p. 44.—Voir la préface.—Cette ballade et la précédente prouvent que les Champenois connaissaient bien leur histoire.—Deschamps fait allusion à la grande ligue formée par presque toutes les tribus gauloises contre César, après son alliance avec les villes de Reims, de Langres, de Metz et de Trèves. Faute de loyale entente, elle s'évanouit, et le général romain continua le cours de ses conquêtes en s'emparant de Soissons.

ORAISON A DIEU

POUR L'ÉLECTION DE SAINT DIDIER,
ÉVÊQUE DE LANGRES.

(250-264.)

O rédempteur de tout le genre humain,
Qui terre et ciel gouverne soubz ta main,
Par providence et régime ineffable,
Et qui, jadis, au prophète haultain
Volt inspirer maint proverbe certain,
Pour nous donner espoir doulz et affable,
Tourne vers nous ta face pitéable ;
Regarde nous de ton cuer amyable
A celle fin que, sans difficulté,
Puissions avoir un évesque notable,
Plaisant à toi, au monde proufitable,
Plain de vertus, de sens et de bonté.

O Vierge, qui avez pourté
Celuy qui tout peult ravoyer,
Suppliez à la Trinité
Que grace nous vueille envoyer.
Amen ! Dieu le vueille ouctroyer (1).

(1) Nous ne pouvons pas discuter ici la date certaine de l'élection de saint Didier.—Ce fragment, tiré de la *Vie et martyre de saint Didier*, par G. FLAMENG, chanoine de Langres, composée et jouée de 1482 à 1507, publiée en 1855, par M. J. Carnandet, a pour but de rappeler que, dans les premiers jours du christianisme dans nos contrées, les évêques étaient élus par le peuple, et qu'ils administraient et leur église et leur cité. On se souvenait encore, au XVe siècle, des traditions de l'Eglise libre.

LA LÉGENDE DE SAINT GORGON.
(302.)

Chantons à l'unisson
La foi, les grandeurs et la gloire
  Du puissant saint Gorgon :
Chrétiens, célébrons sa mémoire.

  Oui, chantons les combats
Qu'il soutint avec grand courage,
  Jusqu'au jour du trépas,
Contre les fureurs de la rage.

  Voyez Dioclétien,
Cet empereur abominable,
  Exigeant du grand saint
Un sacrifice détestable.

  —Moi, dit alors Gorgon,
Moi, donner un encens impie
  A tous ces dieux sans nom !!!
J'aimerais mieux perdre la vie.

  Jésus est mon Sauveur ;
C'est mon trésor, c'est mon seul maître ;
  Pour lui seul tout mon cœur,
Toute ma vie et tout mon être.

  A ces mots, furieux,
Le tyran montre sa colère ;
  Et l'ennemi des dieux

Subit un châtiment sévère.

Voyez le saint martyr !
De tout son corps le sang ruisselle ;
 Sans se laisser fléchir,
Il affronte la mort cruelle.

Sur son corps tout sanglant
Vous versez le vinaigre !... infâmes !!!
 Et votre chambellan
Est couché sur un lit de flammes.

Grand saint, quelle douleur !
Mais courage !... le chœur des anges
 Vous porte, avec bonheur,
Au sein des célestes phalanges.

Du haut des cieux, priez,
Oui, priez notre divin maître
 Pour tous les affligés,
Afin qu'heureux nous puissions être (1).

―――――

(1) Ardennes.—Collection de M. Nozot.—L'an de Jésus-Christ 302, Dioclétien publia son édit de persécution contre les chrétiens. Gorgon, officier de l'empereur, ému par la constance des martyrs, se fit chrétien. L'empereur le fit flageller ; sa peau fut déchirée avec des ongles de fer ; on arrosa ses plaies avec du vinaigre ; il fut placé sur un gril ; enfin, il fut étranglé. Ses reliques, dont une partie est à Rome, sont vénérées dans l'église de Pouillon, près Reims : on va les visiter en pèlerinage le 9 Septembre.

LA LÉGENDE DE SAINT NICAISE
(407.)

Vieille chanson bonne volez oïr,
De grande histoire et de mervilleux prix,
Si comme li Vandres vinrent en cet païs.
Chrestienté ont malement laidi,
Les hommes morts et ars tot le païs ;
Détruirent Reims, et arsent les Marchis
Et saint Mesmin, si com la chanson dit ;
Et saint Nicaise de Reims y fut occis (1).

Mérovéus fut preus et hardis ;
Et, si com je truie ès escris,
Cil fu li mioudres rois paiens,
Ki fust encor sour trouens.
El premier an cestui, fu nés
Saint Rémis, li buens, ordenés
A Rains, où il tint siége et leu
L'an de l'incarnation Dieu
XLVIII et IIII cens.
Et al quart an, si com je pens,
Sont li Hungre issu de Hungrie.
Si ont toute Gaille exillie.

(1) *Roman de Garin le Loherain*, livre II. — Version de dom CALMET, *Histoire de Lorraine*. — Voir le *Roman de Garin* publié par M. P. Paris : il y a de notables variantes.

Car il en orent liu et aise.
S'ocirent à Rains saint Nicaise
Et clers et lais communément (1)....

---

(1) *Chronique de* Ph. Mouske, tome I, page 14. Bruxelles, 1838. — Le Moyen-Age n'a pas oublié le dévouement de saint Nicaise, mort à son poste en cherchant à sauver son troupeau de la fureur des Barbares. — Ne serait-il pas temps de lui rendre un monument ? — La société ne peut que gagner à perpétuer le souvenir des belles actions.

LE DICT DE PHARAMOND.
(420.)

Les François extraicts des Troyens,
Payens nommés Sicambriens,
Font Pharamond leur premier roy,
Qui leur feit la salique loy,
Et les affranchit des Romains,
Lors regnans sur tous les humains.
On contoit, quand ce cas advint,
L'an de grace quatre cens vingt (1).

(1) *Cérémonial françois,* GODEFROY, tome I, page 188. — Au sacre de Charles VIII (30 Mai 1484), la ville de Reims avait fait élever un échafaud sur lequel était assis un roi ayant grande barbe et longue chevelure. Il tenait d'une main une épée nue, et de l'autre un sceptre. — Un brevet le nommait : *Pharamond, premier roy des Françoys.* — Il était couronné par les Francs, ayant aussi longue chevelure et grande barbe. Devant le roi étaient quatre docteurs barbus, tenant et lisant une charte. Chacun avait son nom, et ils se nommaient : Salagast, — Vuisogast, — Bosogast, — Vuidogast. — Voir la préface.

CHANT PASTORAL

EN L'HONNEUR DE SAINTE GENEVIÈVE,

Composé par une bergère des Ardennes (1).

(423-512.)

A Geneviève, à ses autels,
On rend des honneurs solennels ;
Allons-y lui dire à genoux :
   Sainte bergère,
   Fleur de Nanterre,
   Hommage à vous !

Ses vertus l'ont portée aux cieux :
C'est de là qu'elle entend nos vœux
Et peut les faire accomplir tous.
   Sainte bergère,
   Fleur de Nanterre,
   Protégez-nous.

Elle surveille les moissons,
Et les raisins et les moutons ;
Du pauvre le sort est plus doux.
   Sainte bergère,
   Fleur de Nanterre,
   Pensez à nous.

Sa voix combat les éléments,

---

(1) Paris, Boucquin.—Sans date.—In-32.

Donne la pluie ou le beau temps,
En calmant de Dieu le courroux.
    Sainte bergère,
    Fleur de Nanterre,
    Plaidez pour nous.

Elle est patronne des Français ;
Ils en ont eu mille bienfaits :
Lucifer en devint jaloux.
    Sainte bergère,
    Fleur de Nanterre,
    Régnez sur nous.

Jadis, aux fureurs d'Attila
Sa prière a mis le holà,
Et sauvé Paris de ses coups.
    Sainte bergère,
    Fleur de Nanterre,
    Défendez-nous.

Près du Très-Haut votre crédit
Peut rendre sage un fol esprit :
Obtenez-nous la paix à tous.
    Sainte bergère,
    Fleur de Nanterre,
    Veillez sur nous.

Oui, bientôt, selon nos souhaits,
Vous nous rendrez des jours de paix,
Et, joyeux, nous vous dirons tous :
    Sainte bergère,
    Fleur de Nanterre,
    Honneur à vous (1) !

(1) Sainte Geneviève, née à Nanterre, vers 423, s'était vouée à la vie religieuse sous la direction de saint Germain,

LA LÉGENDE DE SAINT REMI (1).

(437-533.)

Dieu puissant dist à Montain (2),
Près son hermitage endormy,
Que Célinie pour tout certain
Auroit ung fils nommé Remy.

Sainte Célinie après se transporta
Vers son mary Emiles pour affaires ;
Puis sainct Remy en vieillesse porta,
Qu'elle enfanta pour bonne œuvre parfaire.

évêque d'Auxerre, et celle de saint Loup, évêque de Troyes. Elle arrêta la marche d'Attila devant les murs de Paris, et, par son intercession, Dieu permit à Childéric de vaincre les Huns dans les plaines de Châlons-sur-Marne. En 486, Clovis, encore païen, vint assiéger Paris et réduisit la ville à la famine : sainte Geneviève, sur une petite nacelle, remonta la Seine et vint en Champagne, à Troyes, à Arcis-sur-Aube, réunit une quantité considérable de blé, et parvint à secourir Paris. Elle travailla avec sainte Clotilde, reine de France, et saint Remi, évêque de Reims, à la conversion de Clovis. La victoire de Tolbiac acheva son œuvre. Sainte Geneviève fit alors ouvrir à Clovis les portes de Paris, et la monarchie française eut sa capitale. Sainte Geneviève mourut en 512. Elle donna de grands biens à l'Eglise de Reims : elle y avait une petite chapelle. Dans le département de l'Aube, son nom est très-vénéré.

(1) Cette légende explique les sujets des dix célèbres tapisseries données, en 1531, par l'archevêque de Reims, Robert de Lenoncourt, à l'église de Saint-Remi. Elle contient une partie de la vie du grand évêque et des premiers miracles que la tradition lui attribue.

(2) Saint Montain, ou saint Montan, solitaire qui vivait près de Laon.

Espérant la veue recouvrer,
Devers Célinie (Montain) se transporte,
Car Dieu luy promist d'y ouvrer
Par le mystère qu'il rapporte.

Le Créateur à ce cas entendit :
L'enfant Remy prist du lait qu'il tétoit
Et d'icelui claire veue rendist
A saint Montain, qu'alors aveugle estoit.

En l'hermitage où saint Remy repose,
Tout le clergié, à bien faire empesché,
Le va prier, disant qu'il se dispose
Pour accepter de Reims l'archevesché.

Faisant reffus, à l'église on le mène ;
Là est sacré d'aulcuns dévots prélatz ;
Donnant l'aumone ung jour de la semaine,
Ung démoniacle il remist en soulas.

Diables avoient dedans Reims le feu mis
Pour le mectre en adversité ;
Mais sainct Remy chasse telz ennemis
Et préserva du feu ceste cité.

Une pucelle avoit le diable au corps
Qui, au sortir, à dure mort la livre ;
Sainct Remy faist que par divins accords
La ressuscite et de mal la délivre.

Sans crainte, les oiseaux des champs
Venoient mangier dessus la table,
Et delectoient par doux chants
Le sainct piteux et charitable.

Ung tonneau vuyde à sa parente (1)
Il bénit ; puis fut plein de vin.
Par grace de Dieu apparente
Faisoit maint ouvrage divin.

Les Allemans mectent en fuite
Clovis et ses gens ; dont se réclame
Aurélien, et en poursuite
Dict au roy pour éviter blasme :

— Crois au Dieu auquel croit ta femme.
Ce qu'il faict. Puis, à coup de taille,
Revient sur eux et les diffame,
Et soudain gagne la bataille.

Clotilde royne à sainct Remy envoye
Diligemment, pour le cœur esmouvoir
Au roy Clovis, afin qu'il se pourvoye
De saincte foy que chascun doibt avoir.

A sainct Remy Clovis requiert baptesme
Et se repent d'avoir sans luy vescu ;
Dieu tout puissant luy transmet le sainct
[chresme,
Semblablement des fleurs de lys l'escu.

Un moulnier de mauvaise affaire
Son moulin au sainct refusa,
Qui en vouloit bonne œuvre faire,
Et pour ce fondit et brisa.

A Clovis, comme il fut notoire,
Ung baril de vin prépara

_____

(1) Le miracle eut lieu à Cernay, près de Reims, chez Celse, parente de saint Remi, vierge consacrée au Seigneur.

Et luy dist : — Tu auras victoire
Autant que le vin durera.

Par sainct Remy en prison fut inclus
Sainct Génebaud (1), sans faire résistance ;
Durant sept ans dit qu'il seroit reclus
Par son péché, et feroit pénitence.

L'ange de Dieu en sa prison descend
Et délivrance au dict sainct il apporte,
Lequel respond qu'à cela ne consent
Si sainct Remy ne luy ouvre la porte.

Ung bourgeois laisse aucun sien héritage
Pour prier Dieu et la vierge Marie :
Mais ung sien gendre, ayant mauvais courage,
Long temps après aux lois il contrarie.

De faulx témoings ce gendre sollicite ;
Pour l'héritage, il fait tenir chapitre ;
Devant l'évesque ung procès il suscite,
Et le débat qui le tient à faulx titre.

Ung bon prélat, avecques sainct Remy,
Au jugement du procès il assiste ;
Mais avarice avoit tant endormy
Le poursuivant qu'en son mal il persiste.

Le procès veu et le tout composé,
Sainct Remy dict au gendre sans doubter,
Si de ce cas créeroit le trespassé,
Que devant tous Dieu fit ressusciter.

La charité, qu'en sainct Remy domine,

---

(1) **Évêque de Laon.**

Fait rassembler en plusieurs lieux les bledz ;
Pour obvier à certaine famine,
Ordonne et veult estre ainsy assemblez.

Aulcuns gourmans, saoulz et remplis
[de vin,
Bruslent les bledz et font maux infinis ;
Eux et les leurs, par le vouloir divin,
Sont et seront par grévure punis.

Ung sainct concile en France s'assembla,
Pour soustenir saincte foy catholique ;
Ung hérétique arrian le troubla,
Voulant ouvrer d'œuvre diabolique.

Cet arrian contemple sainct Remy,
Puis soubdain perd de parler l'usage ;
A deux genoux requiert de Dieu l'amy
Luy pardonner son meffaict et outrage.

Sainct Pierre et Pol, d'admirable façon,
Viennent des cieulx soubz terrestres courtines,
Et chascun dict une leçon ;
Puis sainct Remy parachève matines.

Voyant qu'ils sont remontez es lieulx
[saincts,
Demande à Dieu sa bénédiction.
Sainct Thierry, homme dévocieulx,
Se musse et cache en contemplation. (1).

Sainct Remy faict devant plusieurs prélats

---

(1) Au bord de la tapisserie, sont ces deux vers adressés
par saint Remi à saint Thierry, son secrétaire :

Puisque avés veu ce haut mistaire,
Je vous supplie de le taire.

Son testament : perdue avoit la veue.
Par patience il recouvre solas,
Et de santé sa personne est pourveue.

La messe il dict, puis à ses clercs il donne
Le corps de Dieu par une humble demande :
De cœur dévot à la mort il se donne,
Et son esprit au seul Dieu recommande.

Tout le clergié, par bon accord,
Conclut qu'avec l'ayde de Dieu,
Seroit enterré le sainct corps
En l'église Sainct Timothieu.

Le cercueil ne purent porter
Au dict lieu ny en aultre part :
Prient Dieu les reconforter
Et que de là facent despart.

En une église anciennement faicte (1)
Est mys le corps en digne sépulture.
La volonté de Dieu fut lors parfaicte,
Car de la terre on fit large ouverture.

La peste vint de Reims pourchasser
Les corps humains, n'épargne laid ni beau ;
Les citoyens, pour icelle chasser,
Portent le draps prins dedans son tombeau.

Anges, par divin bénéfice,
Et comme Dieu voulut permettre,
De translation font l'office
Et mettent le corps où fault mettre.

(1) Eglise Saint-Christophe.

Ung gendarme voulut abattre
La porte d'une sienne église,
Pour la piller après desbattre :
Le pié tint contre sans faintise.

Saint Remy bapt l'évesque de Mayence (1),
Car il n'avoit dict à son roy Conrat
Que ung vassal ne faisoit diligence
Rendre son bien qu'il avoit prins en rapt.

Radunis vist et à cler peut connoistre
La mère de Dieu, sainct Jean et sainct Remy,
L'un à la destre et l'autre à la senestre,
Dont fust joyeulx, après qu'il eut dormy (2).

(1) La tapisserie représente saint Remi donnant sa bénédiction à l'évêque de Mayence, pendant que celui-ci, dépouillé de ses insignes épiscopaux, est fustigé.

(2) Ces tapisseries sont divisées chacune en quatre tableaux. Dans le dernier de tous, on voit Robert de Lenoncourt, à genoux ; au-dessous sont des vers rappelant la donation qu'il a faite.

Saint Remi naquit à Cerny-en-Laonnois, en 437. Son père, Emilius, était comte de Laon. — Sainte Balsamie fut sa nourrice. — A l'âge de vingt-deux ans, il fut élu évêque de Reims, à la mort de Bennade. — Il est des histoires qui n'ont pas besoin d'être racontées : celle de saint Remi est du nombre. Il mourut vers 533.

SAINT REMI, APOTRE DES FRANÇAIS.
(437-533.)

O vous, qui régnez dans la gloire,
Illustre apôtre de ces lieux,
Nous honorons votre mémoire,
Nous vous offrons nos humbles vœux.
D'immortels rayons de lumière
Ornent votre front glorieux ;
Que l'hommage le plus sincère
Monte jusqu'à vous dans les cieux.

Vers la vertu, dès son aurore,
Remi tourne ses sentiments ;
Il consacre au Dieu qu'il adore
Son cœur, son esprit et ses sens.
Pontife, malgré sa jeunesse,
Au plus beau feu de la ferveur
Il joint une noble sagesse
Dont l'âge mûr se fait honneur.

La détestable idolâtrie
Captivait encore nos rois,
Asservissait notre patrie
Sous ses pernicieuses lois ;
Clovis, enivré de sa gloire,
Revient vainqueur de l'ennemi :
La main du Dieu de la victoire
L'amène aux genoux de Remi.

— Du seul vrai Dieu sois la conquête

Dit-il au roi victorieux ;
Fier sicambre, courbe la tête
Sous son pouvoir victorieux ;
Qu'il règne seul dans ta grande âme,
Ce Christ blasphémé par Clovis,
Et que ta main livre à la flamme
Ces dieux muets que tu servis.

Aux vérités de l'Evangile
Le prince ouvre aussitôt son cœur,
Et baisse une tête docile
Sous l'aimable joug du Seigneur.
Il lui consacre sa personne,
Heureux d'obéir à ses lois,
Et de soumettre sa couronne
Au Dieu par qui règnent les rois.

Il dépose son diadème
Et la fierté de son esprit ;
Dans l'onde pure du baptême
Il se revêt de Jésus-Christ.
Le Ciel, par une onction sainte,
Consacre en lui la royauté :
Son front reçoit l'auguste empreinte
De la divine majesté.

De là Reims voit dans son enceinte,
Par un usage solennel,
Nos rois, sacrés par l'huile sainte,
Vouer leur sceptre à l'Eternel.
De leur règne offrant les prémices
Au Dieu de paix et de bonté,
Ils exercent, sous ses auspices,
Leur paternelle autorité.

La foi de Remi fructifie

Dans les héritiers de Clovis,
Et jamais l'impure hérésie
N'a souillé la blancheur du lis.
Pleins d'une foi vive et soumise,
Humbles brebis du saint troupeau,
Dignes *fils aînés de l'Eglise*,
Ils n'ont point de titre plus beau.

 Famille à nos cœurs toujours chère,
Princes cléments et vertueux,
Qu'ils soient nos pères sur la terre
Et nos protecteurs dans les cieux.
Nouveaux Davids de notre France,
Qu'ils vivent devant vous, Seigneur !
Soyez l'appui de leur puissance,
Souvenez-vous de leur douceur.

 Et vous, pontife vénérable,
Que Dieu couronne dans les cieux,
Protecteur toujours secourable,
Dès qu'on vous invoque en ces lieux,
Que votre grand crédit bannisse
Loin de nous toutes les erreurs !
Qu'il sauve des piéges du vice
Tous les esprits et tous les cœurs !

 O tendre pasteur ! ô bon père !
De ces beaux noms souvenez-vous ;
Pour un peuple qui vous révère,
Employez vos soins les plus doux.
Du sein de la céleste gloire,
Rendez tous les Français soumis ;
Demandez pour nous la victoire
Sur nos perfides ennemis.

LE BAPTÊME DE CLOVIS.

(500.)

L'an de grace cinq cens, le roy Clovis
Receut à Rheims par sainct Remy baptesme,
Couronne et sacre de l'ampoulle pour cresme,
Que Dieu des cieux par son ange a transmis (1).

(1) *Cérémonial françois*, GODEFROY, tome I, page 189. — La ville de Reims, à l'entrée de Charles VIII (30 Mai 1484), avait fait élever un échafaud où était représenté, par personnages, le *Mystère du baptistaire et sacre du roy Clovis, premier roy chrestien des François;* cette légende le décorait.

LA LÉGENDE DU BAPTÊME DE CLOVIS.

(481-500.)

Adont sainct Remis, li boins sains,
Fu fais arcevesques de Rains.
De Troiiens come Sarrasins
Fu cis rois en France li quins (1).
Mors est, si l'ont enseveli;
Al plus de sa gent abieli,
Rois ot esté XXXII ans.
De Bissine (2), ki fut vaillans,
Ot I fil : Cloévis ot non,
Ki puis fu de moult grant renon.
A grant honnour fu couronnés,
Quar il estoit preus et senés.
Sainct Lehire (3) li Dieu amis,
Fu de Tornai (4) dont vesques puis.

Cloévis, cis rois, I jor main,
Le fil Grillion le Romain (5)
Venqui à Sessons et ocist,
Sa gent toute et sa tière prist,
Et puis al plus tot que il peut,

(1) Il s'agit de Childéric, mort en 482, à Tournay. — Son tombeau fut retrouvé en 1635.
(2) Basine, femme du roi de Thuringe.
(3) Saint Eleuthère, évêque de Tournay, assassiné en 532.
(4) Première capitale des rois francs.
(5) Syagrius, fils d'Aétius.

Si prist il à feme Groheut (1),
Fil Cildéric de Bourgongne (2);
N'ot plus sage dusqu'à Tremogne (3);
Et fut nièce roi Gondebaut,
De linage gentil et haut.
Sa mère avoit esté paiene ;
Mais Groheut estoit crestiiene.
Sainct Denises l'ot conviertie,
Qui praieçoit en sa partie.
Roi Cloévis mot n'en savoit
Que la roïne tele estoit,
Et moult forment li anoia
Que sainct Denis le guerroia ;
Prendre le fist et le cierviel
D'une soie, ki fu d'aciel,
Li fist trencier outre parmi.
Sainct Denis ot Dieu à ami :
Son hanepier, c'on li trença,
Prist et remist et si parla,
Voiant tous, si con le vot Deus.
Par quoi la roïne Grosheus
Fist tant puis envers Cloévi,
Son bon signor et son ami,
Qu'alés s'en est tot droit à Rains
Dont eslius estoit premerains
Sainct Remis, ki ne sot boisier ;
Si se fist de lui batissier.

En dementiers que sainct Remis
L'avoit en une cuve mis,
Et il de Dieu le bénissoit

(1) Clotilde.
(2) Ou Chilpéric. Gondebaud avait trois frères, qu'il fit périr.
(3) Ville de la Gaule-Belgique, célèbre par la légende des quatre fils Aymon.

Et en lissant le batissoit,
Si ne l'avoit de quoi en oindre,
Pour l'aigue de quoi à en joindre;
Es vous l'angle nostre signour,
Pour lui à faire plus d'ounour,
En guise d'un blanc coulombiel (1),
Resplendisant et cler et biel,
Une ampoulaite el biec tenoit,
Ki plainne de sainct oile estoit.
Et quant sainct Remis la véue,
Si l'a dignement recéue,
Et tout esrant l'en a enoint
Si que il n'en i remest point.
Ensi fu enoins Cloévis
Del saint oile, ki fu ravis
Del ciel en tière, al plaisir Dieu.
Encore en vient assés el lieu (2)
Quant besoins est à roi sacrer.
Bien doit-on le vaissiel garder
U cil saint oiles nest et vient;
Si fait-on, car il le convient.

(1) Cette version absorbe les deux légendes.
(2) Miracle de la sainte ampoule : l'huile sainte renaissait d'elle-même. — Cette légende est tirée de la *Chronique* de Ph. Mouskr, tome I, vers 380.

LE SONNET DE LA SAINTE AMPOULE.

(500.)

Rheims est un lieu sacré, tout remply de
[mystère,
Du premier roy gaulois le premier habité,
Qui d'un cours éternel garde sa *liberté*,
Et qui tire tous biens de son large parterre.

Luy seul donne à nos roys le royal charactère;
Luy seul les voit brillans en haute majesté,
Lorsque d'un chresme sainct par un ange apporté
Les oignant, leur promet l'empire de la terre.

Quoique tardivement cheminent les destins,
Si ont-ils toutes fois des arrests bien certains,
Qu'ils vont exécutant en saison opportune.

Louys, germe puissant du Philippe gaulois,
Des globes aymantins les infaillibles loix
Réservent cet honneur à ta bonne fortune (1).

---

(1) Sacre de Louis XIII, 17 Octobre 1610. — *Cérémonial françois*, GODEFROY, tome I, page 425. — Parmi les allégories que ces vers illustraient, on voyait la colombe traditionnelle apportant la sainte ampoule. Le poète et le peintre avaient adopté chacun une de nos deux légendes. — Nous recommandons aux historiens de l'école libérale le **troisième** vers de la première strophe.

LA LÉGENDE DE SAINTE CLOTILDE,
REINE DE FRANCE.
(493-543).

Chrétiens, chantons dévotement
   La vie et les miracles
De sainte Clotilde ; assurément,
   Venez tous au tabernacle ;
Offrons-lui nos cœurs et nos vœux,
Nous serons guéris en ces lieux.

   Sainte Clotilde, de renom,
   Etait reine de France ;
Que chacun bénisse son nom
   En grande révérence,
Servant Dieu la nuit et le jour,
En lui demandant son secours.

   En mariage fut demandée
   Notre sainte Clotilde ;
A Clovis elle fut accordée
   Sans aucune réplique,
Moyennant qu'il serait baptisé,
Pour servir Dieu en fidélité.

   Le mariage étant accordé
   De notre sainte Clotilde,
Clovis en fut si transporté,
   Je vous le certifie ;
Dans la jolie ville de Sion
Il reçut la bénédiction.

Clovis étant donc marié,
Il déclara la guerre ;
En bataille les fit ranger,
Adorant Jupiter ;
Tous ses soldats il a perdus,
Oubliant le nom de Jésus.

Levant les mains, les yeux au ciel,
Adressant sa prière
A Jésus, fils de l'Eternel,
Et à sa très-sainte Mère,
Leur promettant avec amour
De les servir nuit et jour.

En bataille il est retourné,
Avec très-peu de troupe ;
La victoire il a remporté,
Il mit tout en déroute ;
Sous l'étendard de Jésus-Christ,
La bataille il a gagné.

Etant poussé du Saint-Esprit,
Demandant le baptême,
Fut baptisé par saint Remi,
Archevêque de Reims.
Tout animé du Saint-Esprit,
Resta enfant de Jésus-Christ.

Sainte Clotilde en dévotion
Allait faire sa prière ;
A la fontaine dit l'oraison,
Priant Dieu et sa mère ;
Près de la ville de Paris
Elle a reçu la fleur-de-lis.

Trente jours avant de mourir,

Clotilde fut avertie,
Par un ange de Jésus-Christ,
Je vous le certifie,
Qu'elle jouirait du firmament
Dans le royaume du Tout-Puissant.

A la mort s'est préparée
Notre sainte Clotilde ;
Dévotement s'est confessée,
Reçut le saint viatique ;
Le trois Juin est décédée,
Pour jouir de l'éternité.

Son saint corps a été conduit,
Par une grande populace,
Depuis Tours jusqu'à Paris,
Chantant cantiques et grâces,
A Sainte-Geneviève, chose assurée,
Où son mari fut inhumé.

Pauvres pèlerins d'ici-bas,
Dans vos maux, dans vos peines,
Ah ! jetez-vous entre les bras
De cette auguste reine :
Elle priera le doux Jésus-Christ
Pour qu'il vous place en paradis (1).

(1) L'histoire de sainte Clotilde est tellement liée à celle de saint Remi, que nous avons cru devoir lui donner place. Fille de Gondebaud, roi des Bourguignons, elle épousa Clovis en 493, aida puissamment saint Remi à le convertir, et mourut en 543. — Thierry, fils de Clovis et d'une femme qu'il avait aimée avant d'épouser Clotilde, fut le premier roi d'Austrasie. Metz et Reims étaient les deux villes principales de son royaume. — Le neuvième couplet rappelle la légende qui donne aux armes de France une origine céleste.

REIMS ET LA SAINTE AMPOULE.
(500.)

Je suis Reims, dont les fondementz
Ont pris leurs vrays commencementz,
Quand Ilion fut mise en proye :
Et Remus me donna son nom,
Au temps que la ville de Troye
Perdit son lustre et son renom.

Si Rome entre ses vanitez
Vante un nombre d'antiquitez,
Dans moy mil antique s'enserre,
De qui l'un, pour oindre noz roys,
Fut envoyé du ciel en terre,
Au plus sainct prélat des François (1).

(1) Ces vers, de Réné de la Chèze, se trouvent au bas du plan de Reims gravé en 1635.

LA LÉGENDE DE MAHOMET.
VERSION CHAMPENOISE.
(570-632.)

En cel temps Mahomet regnoit :
Princes des Sarradins estoit
Ou tens Dagobert fil Clotaire,
Qui IIII ans regna en mal faire...
Machommeques fu apelez :
Preudon estoit et mout saichant
Entre la sarrazine gent.
Cardonnaus de Rome ot esté
Le plus saige et le plus letré.
Vers les Sarradins fu tramis,
Com le plus saiges et amis,
Pour preschier la crestienté,
Et pour monstrer la vérité.
Cil ne lor vost pas otroier,
Pour rien c'on l'an seust prier,
Sé le siéges ne s'acordoit
Que sé li papes se moroit
Avant qu'il peust revenir,
Que papes seroit sanz faillir.
Lors le siéges si acorda :
Lors par cel couvant i ala ;
Aux Sarradins ala preschier
Com cil que bien s'an sot aidier.
Tant lor dist de belle parole
Que tuit se mirent à s'escole ;
Com cil qui preschoit vérité,

Il firent tuit sa voulanté.
Lors avint li papes mors fu ;
N'onques pour ce mandez ne fu,
Ne il ne li tindrent couvant,
Mes firent pape maintenant.
Si tot com Machommet le sot,
Si grant despit et tel deul ot
Qu'au contraire de vérité,
Lor a il trestout retourné,
Et lor prescha tout le contraire
De ce qu'il ot anprins à faire.
Tuit por prophete le tenoient ;
Tuit à son voloir s'acordoient.
L'an VI. C. vint et six morut,
C'onques vers Dieu ne se connut (1).

(1) *Roman du Renard contrefait*, par Le Clerc, de Troyes.—Bibliothèque Nationale, n° 7630, folio 139.

LA CHANSON DE SAINT FARON.
(613-623.)

. . . .
De Clotario canere
   Rege Francorum,
Qui ivit pugnare
   Cum gente Saxonum...
Quam graviter provenisset
   Missis Saxonum,
   Si non fuisset
   Inclytus Faro
De gente Burgundionum!...
   Quando veniunt
   Missi Saxonum
   In terra Francorum,
Faro ubi erat princeps,
Instinctu Dei transeunt
   Per urbem Meldorum,
   Ne interficiantur
   A rege Francorum... (1).

(1) Saint Faron, surnommé *Burgondifaron*, frère de sainte Fare, fondatrice de Faremoustiers, était né en Brie, province qui alors dépendait du royaume de Bourgogne. En 613, il faisait partie de la cour de Clotaire II. lorsque ce prince donna l'ordre, contre le droit des gens, de faire mourir des ambassadeurs saxons qui l'avaient bravé. Faron obtint que leur supplice fût différé, les convertit, les fit baptiser, et leur sauva ainsi la vie. En 623, il entra dans les ordres, fut élu évêque de Meaux en 627, fonda, près de cette ville, l'abbaye qui porta son nom, et mourut en 672. —*Vie des Saints*, A. BAILLET, t. III, p. 126.

LA CHANSON DES CONFRÈRES
DE SAINT HUBERT.
(728.)

Chantons tous, en ce jour, d'une vive allé-
[gresse,
Le triomphe de saint Hubert.
Eclatons en transports, publions-les sans cesse
Dans tous les lieux de l'univers.
Célébrons tous la victoire
Qu'il sut remporter sur nos cœurs.
Ne perdons jamais la mémoire
De ses bienfaits, de ses faveurs.

Chantons, publions les louanges
De ce saint digne de renom.
Unissons-nous avec les anges
Pour célébrer notre patron.

Hubert, fils de Bertrand, grand-duc d'Aqui-
[taine,
Etait issu de sang royal ;
Il servit sa patrie en vaillant capitaine ;
Il était franc, brave et légal.
Mais, lassé de la tyrannie
Qu'Ebroïn exerçait en ces lieux,
Il vint vers le roi d'Austrasie,
Offrir son appui généreux. — Chantons, etc.

Ce brave chevalier, par sa noble lignée,

Prit, pour établir son bonheur,
Du comte Dagobert la fille bien-aimée,
Type de grâce et de candeur.
Mais, ô regret! la mort cruelle
Vint troubler ce parfait bonheur :
Il perd sa compagne fidèle.
Qui consolera sa douleur?—Chantons.

Pour dompter son chagrin, dans le bois des
[Ardennes
Hubert fut prendre son essor.
Chassant avec ardeur pour oublier ses peines,
Tout répond au bruit de son cor.
Au son de cette voix sonore,
Un cerf épouvanté s'enfuit
Vers des lieux où toujours l'aurore
Fuit les ténèbres de la nuit. —Chantons.

Cet habile chasseur le poursuit et le presse;
Mais le cerf résiste et lui dit :
— Pourquoi me poursuis-tu, chasseur, et tu
[m'oppresses?
Pourquoi donc te perdre à ce prix?
Vois, sur cette croix adorable,
Ton Dieu, qui te dit hautement
Que je suis le seul véritable
Que tu dois servir seulement. — Chantons.

Saisi d'étonnement, il se prosterne en terre
Devant ce spectacle touchant.
— Accordez-moi, dit-il, ô mon aimable Père,
Le don de vivre saintement.
— Mon cher Hubert, vas, pour me plaire,
Trouver Lambert, mon serviteur,
Qui t'apprendra ce qu'il faut faire
Pour arriver au vrai bonheur. — Chantons.

Hubert fut à Maëstricht, vers ce saint véné-
    Apprendre la loi du Seigneur.   [rable,
Bientôt il fut instruit du mystère adorable
    Qui fit pour toujours son bonheur.
    Puis, ayant quitté ce bon père,
    Il pleura ses égarements,
    Sous le ciel d'un désert sévère
    S'exposant aux rigueurs du temps. — Chan-
        [tons, etc.

Après avoir passé sept ans de pénitence,
    Un de ces anges glorieux
Lui dit d'aller à Rome, où Dieu, pour ré-
    L'ornerait de dons précieux.   [compense,
    Liége fut le noble héritage
    De ce pontife vénéré ;
    Dieu lui donna pour témoignage
    La sainte étole et la clef. — Chantons, etc.

Saint Hubert travailla le reste de sa vie
    Au bonheur de son cher troupeau.
Il fit fleurir les arts et cette foi chérie
    Qu'il conserva jusqu'au tombeau.
    Et ce pasteur incomparable
    Jouit, dans l'immortel séjour,
    D'un repos doux, inaltérable,
    Pour prix de son ardent amour. — Chan-
        [tons, etc.

Vénérable patron, que partout on révère,
    Daignez nous bénir en ce jour.
Faites que nous marchions avec un cœur sincère
    Dans les sentiers du Dieu d'amour ;
    Que chaque confrère publie
    Et votre gloire et vos vertus,

Et que la céleste patrie
Nous place au nombre des élus. —
[Chantons, etc. (1).

(1) Nous ne pouvons, dans nos chants historiques, refuser une place à la chanson des confrères de saint Hubert qui résume toute l'histoire de leur saint patron. — L'histoire de sa famille réelle et la généalogie que lui donnent les légendes ne sont pas sans nuages. Les Mérovingiens, possesseurs du midi, confièrent le gouvernement d'Aquitaine à des ducs. L'un d'eux, nommé Boggis ou Oggis, aurait eu son fils pour successeur. Il se nommait Bertrand. Celui-ci, époux de dame Hugueberne, sœur de sainte Ode, eut deux fils. Eudes, l'un d'eux, lui succéda, en 688, dans le duché d'Aquitaine, et lutta pendant toute sa vie contre les Sarrasins. Il mourut en 735, après avoir partagé ses états entre ses deux fils, Hallon et Hunold. — Le second fils de Bertrand, Hubert, suivit la cour des Mérovingiens; mais les luttes sanglantes d'Ebroïn et de saint Léger le chassèrent de la cour. Il se retira dans les Ardennes, chez Pépin d'Héristal. Il avait épousé Floribanne, fille de Dagobert, comte de Louvain. — Sa femme, dont il eut un fils nommé Floribert, mourut jeune. — Voir sa légende, tome I, pages 149 et suivantes. — La famille romanesque et légendaire de Charlemagne lui donne pour grand-oncle saint Hubert, mort en 728.

LES SARRASINS EN CHAMPAGNE.

(733.)

Cil Sarrasin, qui li cors Deu maldie,
Est mult crueus et plains de vilenie.
Tant ont de gent, n'est nus ki numbre en die.
Loherenc ont et Ardane escillie.

Dusqu'à Estampes n'a remés abéie
Que tote Beausse ont il aussi gastie,
Et Orlenois et tote Normendie :
De si au Mont ont fait leur envaïe (1).

Et tant est fiers li sire, qui les guie,
Que par no gent n'en arés ja aïe
Qu'il ne vus preigne, voyant nos tos, et lie.
Vencus serez et vo gent desconfie,

Et tote France gastie et escillie.
Ja n'iert mais fais li Dame-Dieu service
A Chaalons, à Rains, n'à Saint-Denise.
Home et feme n'i remanza en vie,

(1) *Mont-Loon* ou *Laon*.—Cette ville joue un grand rôle dans les romans carlovingiens, parce qu'elle fut le dernier asile des petits-fils de Charlemagne.—Le poète fait un anachronisme : ce fut en 733 qu'Abdérame, à la tête d'immenses armées, envahit la France, et parvint jusqu'à Orléans : de là des corps d'armée musulmans pénétrèrent dans le Gatinois, puis en Champagne : ils assiégèrent Sens, que son évêque défendit avec courage et bonheur.

S'il ne velt estre de lor mahomerie.
Et sainte Eglise estera agastie :
Ja n'iert mais levée, n'essaucie.
Crestientés est à un mot périe (1).

(1) *Chanson d'Ogier*.—Raimbert, de Paris, XIIe ou XIIIe siècle.—Barrois, 1842, t. II, p. 448.

LES CHAMPENOIS A RONCEVAUX.

(778.)

Estous, li fius au conte Oedon,
III. mil. homes ki furent bons,
Tous de Lengres, i fist aller.
Et tos furent mort al caploier (1),
Avoec lor signor, comme preu
Pour avancier la loi de Dieu (2).

(1) Combattre.

(2) Récit de la bataille de Roncevaux. *Chronique* de Ph. Mouske, t. I, p. 206.—Plus loin, quand Charlemagne apprend la nouvelle de cette défaite, dont le peuple, après dix siècles, garde encore la mémoire, il pleure les morts et s'écrie :

Ci est Estous,
Li fius Oedon, li biaus, li prous!

Langres eut ses comtes particuliers ; mais, à cette époque, elle n'avait que des gouverneurs. Constatons que, partout où il y a gloire et danger, les traditions historiques et légendaires montrent toujours les enfants de la Champagne.

LE TOMBEAU DE TURPIN,

ARCHEVÊQUE DE REIMS.

(756-795.)

Tilpin, digne prélat d'honneur et de mé-
[moire (1),
Icy gist en son corps ; son esprit vit en gloire.
Saint Denys l'envoya pour pasteur en ce lieu,
Pour père des enfans de l'Eglise de Dieu.

(1) Tilpin, ou Turpin, monta sur le siége de saint Remi vers 756.—Trésorier de Saint-Denis, en France, conseiller et parent de Charlemagne, il l'accompagna dans ses expéditions, et notamment, si l'on en croit nos trouvères, dans la guerre d'Espagne terminée par la fatale journée de Roncevaux. La chronique qui raconte cette défaite et ses suites dans ce monde et dans l'autre, et dont on fait honneur à Tilpin, paraît avoir été composée vers 1092. Cette attribution, plus que suspecte, a plus popularisé la mémoire de ce prélat, que tout le bien qu'il a pu faire en sa vie.—D'après les *Chroniques du Haynault*, les légendes et romans qui les ont engendrées et commentées, Turpin aurait été petit-fils de Turpin, premier comte d'Ardennes, — fils de Doolen, comte de Mayence,—et frère de Haymon d'Ardennes, de Godefroy, marquis d'Ardennes : par suite, il se trouve oncle des quatre fils Aymon, d'Ogier d'Ardenemark,—neveu de Thierry l'Ardenois,—et cousin et même oncle de Charlemagne.—Avec une pareille parenté, peut-on être oublié ? Turpin, mort vers 795, fut inhumé dans l'église de Saint-Remi. Hincmar lui fit un tombeau et une épitaphe dont la traduction, faite par N. Chesneau, se lit ci-dessus. On voyait encore, dans le trésor de Notre-Dame de Reims, une chasuble, et dans la bibliothèque de Saint-Remi, un pontifical donné par Tilpin.

Par quarante ans et plus il vesquit en sa charge,
Puis paya le tribut de nature en vieil age.
Il mourut en Septembre et en semblable jour
Que le Seigneur vainquit la mort et son secour.
Et d'autant que le lieu et le grade de mesme
Le joignit à Hincmar d'ailliance supresme,
Hincmar, outre le titre, a dressé ce sarcueil,
Qui les os doucement de son Tilpin accueil.

LA LÉGENDE DE RENAUD D'ARDENNES.
(780-814.)

Puis ot li rois en moult de lius (1)
Guerre, ù il fu moult ententius.
Et dans Rainnaus, li fius Aimon,
Dont encor moult l'estore aimon (2) :

Il et si frère sour Baiart (3)
Le guerroiièrent tempre et tart.
S'en fu mainte gent morte et prise
Et mainte forteraice esprise.

Et, quant si frère furent mort,
Renaus, ki souvent en ot tort,
Se repenti et fu comfiés ;
S'ala, com pénéans apriés,

Tant qu'en la cité de Coulogne,
U gent fermoient pour besogne,

---

(1) *Chronique* de Ph. Mouske, vers 9815.—Le roi n'est autre que Charlemagne.

(2) Nous ne ferons pas ici l'histoire des quatre fils Aymon : chacun la connait. A Cologne, sur les bords du Rhin et dans les Ardennes, on vénère un saint Renaud, que les traditions légendaires désignent comme l'ainé des quatre fils Aymon, princes des Ardennes.

(3) On remarquera que Ph. Mouske proclame que l'histoire de ces quatre preux est déjà populaire de son temps : c'était donc une tradition acceptée, et non pas une création des trouvères.

Se traist et siervi les maçons ;
Quar il ert fors, et grans, et lons :

Si portoit plus que trois ne quatre,
Dont il le vorent sovent batre ;
Mais ils n'osent pour sa grandece.
Tant que fors de la forterece

Alèrent mangier li ouvrier ;
Et il n'ot cure de mangier.
Si s'endormi trop asséur,
Et cil revinrent sor le mur.

Si le trovèrent là dormant ;
Et I maçons, d'un martiel grant,
Le feri el cief ; s'el tua.
Et luec en l'aigue le rua.

Et Renaus tot mors contremont
S'en ala, car Dieux li sémont
Et puis, si com on le tiesmogne,
Fu mis en fierte vers Tremogne (1).

(1) Dans le *Roman d'Ogier l'Ardenois*, on lit ces vers (t. II, p. 403.)—On amène un cheval :

Ainc en si bon ne monta li franc hom,
Fors seul Baiart, ki fu au fil Aymon,
Renaut le preus, ki ot cuer de baron.

LA CHANSON DU COMTE RENAUD.
(780-814.)

Quant vient en Mai, que l'on dit as lons
[jors,
Que Franc de France repairent de roi cort,
Reynauz repairt devant el premier front.
Si s'en passa lez lo meis Arembor;
Ainz n'en dengna le chief druier à mort.
      E! Raynaut, amis!

Bele Erembors, à la fenestre, au jor
Sur ses gènoz tient paile de color;
Voit Frans de France, qui repairent de cort;
Et voit Raynaut devant el premier front.
En haut parole; si a dit sa raison:
      E! Raynaut, amis!

—Amis Raynaut, j'ai ja veu cel jor,
Si passissoiz selon mon père tor,
Dolans fussiez, sé ne parlasse à vos.
Ja l' mesfaites; fille d'empereor,
Autrui amastes, si obliastes nos.
      E! Raynaut, amis!

Sire Raynaut, je m'en escondirai:
A cent puceles, sor sainz, vos jurerai,
A XXX dames, que avuec moi menrai,
C'onques nul hom, fors vostre cor, n'amai.

Prennez l'emmende, et je vos baiserai.
E! Raynaut, amis!

Li cuens Raynaut en monta les degrés;
Gros par espaules, gresle par lo baudré,
Blond ot le poil, menu, recercelé :
En nul terre n'ot si biau bacheler.
Voit l'Erembors; si commence à plorer.
E! Raynaut, amis!

Li cuens Raynaut est montez en la tor :
Si s'est assis en ung lit peint à flors;
Dejoste lui se siet bele Erembors.
Lors recommence lor premières amors.
E! Raynaut amis (1)!

(1) Nous empruntons ce texte au *Recueil de Chansons historiques* publié par M. L. de Lincy.—Ce Renaud, que la fille d'un empereur aime, ne peut être que Renaud d'Ardennes, fils d'Aymon, seigneur d'Oridon ou de Waridon, en Ardennes, plus connu sous le nom de Renaud de Montauban. Les montagnards ardennais ont conservé cette légende amoureuse : la chanson qui suit nous apprendra ce qu'ils en ont fait.

LA CHANSON DE RENAUD.

(780-814.)

Oh! Renaud, réveille, réveille,
Oh! Renaud, réveille-toi.
Mon père m'avait planté un bois,
Oh! Renaud, réveille-toi.
Dedans ce bois il y avait des noix,
Renaud!

Oh! Renaud, réveille, réveille,
Oh! Renaud, réveille-toi.
Dedans ce bois il y avait des noix,
Oh! Renaud, réveille-toi.
J'en cueille deux, j'en mange trois,
Renaud!

Oh! Renaud, réveille, réveille,
Oh! Renaud, réveille-toi.
J'en cueille deux, j'en mange trois,
Oh! Renaud, réveille-toi.
J'en fus malade au lit neuf mois,
Renaud!

Oh! Renaud, réveille, réveille,
Oh! Renaud, réveille-toi.
J'en fus malade au lit neuf mois,
Oh! Renaud, réveille-toi.
Tous mes parents m'y venaient voir,
Renaud!

Oh! Renaud, réveille, réveille,
Oh! Renaud, réveille-toi.
Tous mes parents m'y venaient voir,
Oh! Renaud, réveille-toi.
Et mon amant n'y venait,
  Renaud!

Oh! Renaud, réveille, réveille,
Oh! Renaud, réveille-toi.
Et mon amant n'y venait,
Oh! Renaud, réveille-toi.
Je lui fis dire par trois fois,
  Renaud!

Oh! Renaud, réveille, reveille,
Oh! Renaud, réveille-toi.
Je lui fis dire par trois frois,
Oh! Renaud, réveille-toi.
La quatrième, il y vena,
  Renaud!

Oh! Renaud, réveille, réveille,
Oh! Renaud, réveille-toi.
La quatrième, il y vena,
Oh! Renaud, réveille-toi :
— Bonjour, ma mie, comment q' ça va?
  Renaud!

Oh! Renaud, réveille, réveille,
Oh! Renaud, réveille-toi.
Bonjour, ma mie, comment qu' ça va?
Oh! Renaud, réveille-toi.
Avez-vous chaud? avez-vous froid?
  Renaud!

Oh! Renaud, réveille, réveille,

Oh! Renaud, réveille-toi.
Avez-vous chaud? avez-vous froid?
Oh! Renaud, réveille-toi.
Je n'ai pas chaud, car j'ai bien froid,
  Renaud!

Oh! Renaud, réveille, réveille,
Oh! Renaud, réveille-toi.
Je n'ai pas chaud, car j'ai bien froid,
Oh! Renaud, réveille-toi.
De votre manteau couvrez-moi,
  Renaud!

Oh! Renaud, réveille, réveille,
Oh! Renaud, réveille-toi.
De votre manteau couvrez-moi,
Oh! Renaud, réveille-toi.
Etendez-vous le long de moi,
  Renaud!

Oh! Renaud, réveille, réveille,
Oh! Renaud, réveille-toi.
Etendez-vous le long de moi,
Oh! Renaud, réveille-toi.
Mettez la main sur l'estomac,
  Renaud!

Oh! Renaud, réveille, réveille,
Oh! Renaud, réveille-toi.
Mettez la main sur l'estomac,
Oh! Renaud, réveille-toi;
Descendez-la un peu plus bas,
  Renaud!

 Oh! Renaud, réveille, réveille,

Oh! Renaud, réveille-toi.
Descendez-la un peu plus bas,
Oh! Renaud, réveille-toi.
Vous y trouverez père Nicolas,
    Renaud!

Oh! Renaud, réveille, réveille,
Oh! Renaud, réveille-toi.
Vous y trouverez père Nicolas,
Oh! Renaud, réveille-toi.
Il a d' la barb' comme un vrai chat,
    Renaud!

Oh! Renaud, réveille, réveille,
Oh! Renaud, réveille-toi;
Il a d' la barb' comme un vrai chat,
Oh! Renaud, réveille-toi.
Il n' voit point clair et attrape les rats,
    Renaud!

Oh! Renaud, réveille, réveille,
Oh! Renaud, réveille-toi.
Il n' voit point clair et attrape les rats,
Oh! Renaud, réveille-toi.
Il est six heures sonnées chez moi,
    Renaud !

Oh! Renaud, réveille, réveille,
Oh! Renaud, réveille-toi.
Il est six heures sonnées chez moi,
Oh! Renaud, réveille-toi.
Prends ta manique et ton pelloi,
    Renaud!

Oh! Renaud, réveille, réveille,
Oh! Renaud, réveille-toi.

Prends ta manique et ton pelloi,
Oh ! Renaud, réveille-toi,
Et retourne bien vite chez toi,
Renaud (1) !

(1) Ardennes. — Collection de MM. Nozot et Colin. — Cette chanson est répétée dans les Ardennes par les bûcherons et les peleurs de bois. — Elle est aussi connue dans toute la Champagne, mais avec des variantes notables.

LE PARADIS DES ANIMAUX.
BAYARD, LE CHEVAL DE MAUGIS D'ARDENNES.
(780-814.)

Aussy y est l'oye du Capitole,
Et le corbeau, que Pline tant extolle,
Car parler sceut comme font les humains,
Le gerfaut blanc du haut roy des Romains... (1),
L'ours de sainct Vast, le pourceau sainct
                          [Anthoine,
Le sage chien propice et tout ydoine,
Qui apportoit à manger à sainct Roch,
Et l'ourse aussi que nourrit en un roch
Le preux Ourson, et la louve bénigne
Qui excusa nourisse féminine
Au fondateur de la cité de Romme ;
Encore y est le lyon sainct Hyérosme,
Et de sainct Georges aussi le bon cheval,
Le fort Montaigne et le fier Bucéphal,
Savoye aussi, le coursier au roi Charles,
Que meilleur n'eust de Romme jusqu'Arles ;
Aussi, pour qu'il estoit noble et bon,
Honneuré l'a madame de Bourbon ;
Et tout Bayart, qui n'est plus en Ardenne.
Princesse illustre, et se je ne te tienne
En dénombrant les autres bestelettes
Qui sont céans vivans des herbelettes,

(1) Maximilien, empereur d'Autriche.

Soucf flairans et doulces aromatiques,
Scavoir te fais par raisons autentiques
Que droit cy sont, par leur bien et mérite,
Les aignelets de saincte Marguerite,
Et les brebis qu'elle gardoit aux champs.
Aussi y sont, sur fleurettes couchans, [appert,
Les deux beaulx cerfs chassés, comme il
Par sainct Eustache et monsieur sainct
[Hubert... (1).

(1) Ce fragment est tiré de la deuxième *Epître de l'A-
mant vert à Marguerite d'Autriche, gouvernante des Pays-
Bas*. Jean Lemaire de Belges la consolait de la mort d'un
perroquet vert qu'elle avait perdu.— *Illustrations des
Gaules*. Paris, 1528, fol. 65.—Ce passage constate la présence légendaire de Bayard dans les Ardennes. Le poète ne
l'en fait sortir que pour le mettre en paradis.—Savoye est
le cheval de Charles VIII.—Madame de Bourbon est Anne de
France, fille de Louis XI, femme de Pierre de Bourbon.
Lemaire avait été à son service.

LA LÉGENDE DU BAPTÊME DE WITIKIND.

(790-807.)

Encor fust Karles rois poissans (1),
Et sour tous autres conquérans.
Il ne voloit mie trop nuire
Tous ses anemis, ne destruire,
Si com vous orés en apriès.
Guitekins, ki trop fu engriès (2),
Et forment l'avoit travellié,
Grevé, pené et resvellié,
Surmouna-il tant et blandi,
Kil le fist bastissier .I. di.
Il meismes ses parins fu.
Ensi del hiaume de salu
L'arma li rois, et de la lance,
Pour oster s'arme de balance,
Et .I. autre Sesne félon (3),
Que l'estore claimme Albion,
Fist il crestienner aussi.
Droit en la vile de Tigni (4)
Furent-il doi crestienné

(1) *Chronique* de Ph. Mouske, tome I, page 254.
(2) Witikind, c'est-à-dire, en saxon, *l'enfant blanc*, après avoir lutté avec énergie contre Charlemagne, capitula et reçut le baptême à Attigny, où s'élevait un palais splendide, détruit par les calvinistes.
(3) Saxon.
(4) Attigny.

Por Carlemainne le sené;
Mais il furent si faitement
Qu'il s'i maintinrent faussement (1).

(1) Le chroniqueur se trompe : Witikind, créé duc de Saxe, resta le fidèle vassal de l'empire jusqu'à sa mort, arrivée en 807. Estienne Pasquier a cru que de lui descendit Hugues Capet : c'est une erreur; les Capétiens ont une origine nationale.

LA LÉGENDE D'OGIER D'ARDENE-MARK (1).
(749-820.)

Signor, c'est voirs, bien le puis tesmoignier,
Et on le troeve, saciés bien, en psautier,
Qu'onques ne fu telx cors de chevalier,
Ne si poissans com li danois Ogier (2),

---

(1) *Chanson d'Ogier de Dane-Marke*, par RAIMBERT. de Paris. — XIIIe siècle. — Barrois, 1842, tome II, page 394. — Ce passage est un résumé que fait le poète pour remettre en la mémoire des auditeurs la suite du récit.

(2) Nous croyons à l'existence d'Ogier l'Ardenois, et non pas le Danois : il faudrait un volume à son histoire, et nous n'avons que quelques lignes à lui donner. Né dans les Ardennes, vers 749, il mourut vers 820. — *Arden* et *den* signifient, en gaulois, forêt. *Ardenois*, *Danois* sont deux surnoms équivalents. — *Ardenn-Mark* signifie marche ou frontière de la forêt : *Den-Mark* a le même sens. Jusqu'en 1092, dans les *Annales du Haynaut*, Ogier est nommé *Ogier le marchis* (774). Nos trouvères en font le petit-fils de Turpin, gouverneur d'Ardenne : de là son nom. Son père, Geoffroy, était aussi *marchis* d'Ardennes.—C'est en 1092, après l'apparition de la prétendue *Chronique* de Turpin, qu'Ogier devient d'Ardenois Danois, et que le héros d'outre-Meuse devient le paladin d'outre-mer. Turpin d'Ardennes eut trois fils : Thierry d'Ardennes, qui fut père de Thierry l'Ardenois, tous deux héros des romans carlovingiens ;—Doolin, de Mayence, père de Turpin, l'archevêque de Reims, d'Aymon, prince des Ardennes, le père de quatre fils bien connus ; — Geoffroy d'Ardene-Mark, père d'Ogier le marquis, comte de Loos. — Charlemagne, par sa mère Berthe, était le cousin-germain d'Ogier. Dans le récit des exploits d'Ogier, il est difficile de séparer le roman de l'histoire. Un mot de celle-ci : Ogier prit part à la lutte tentée contre Charlemagne par son frère

Quant soit armés sor Broiefort le fier (1).

Et il tenoit le rice brant d'achier.
Trestot parmi fendoit un chevalier.
Et qu'en diroie? mult fu vaillans Ogiers
Et preus et vistes. Diex ama et tint chier.
Crestienté aida à essauchier.

Bien servi Karle au fer et à l'achier (2).
Si li aida maint castiel à froissier,
Mainte cité, maint borc à pechoier.
Ses anemis fist vers lui apaier.
Mal guerredon en ot au darrainier.

Charlot li fil, qui Diex doinst encombrier (3),

Carloman, mort en 771 et inhumé à Saint-Remi de Reims. Il conduisit chez Didier, roi des Lombards, la veuve de ce prince, dont il était le cousin. Il aurait défendu le Milanais contre les armées impériales : fait prisonnier, il fut remis à son cousin Turpin ou Tilpin, archevêque de Reims, qui le garda prisonnier dans cette ville. La tour, qu'il habita, garda son nom ; elle était encore debout il y a quelques années. — Raimbert de Paris et son éditeur l'appellent la tour de porte Martre. — Le château-fort des archevêques de Reims était, en effet, dans le XIII° siècle, près de la porte Mars. — Mais, dans une autre partie de la ville, du côté de l'archevêché, était la porte de Cérès, *porta Cereris*. D'origine romaine, elle finit par être fortifiée : ses tours servirent de prison, et la porte de Cérès devint la porte Chère, *porta Carceris,* porte Chartre, porte Charcre. — Nous pensons que les copistes du texte publié par M. Barrois ont mal lu : c'est au point que nous indiquons que la tradition n'a cessé de montrer la tour d'Oger. — Le château de la porte de Mars est de beaucoup postérieur à l'existence du paladin.

(1) Coursier d'Ogier.
(2) Ogier était un des généraux de Charlemagne.
(3) Dans le roman, c'est ce meurtre, qui rappelle le début du poème des quatre fils Aymon, qui pousse Ogier à passer en Italie.

Ocist son fil d'un pesant eskekier,
Baudewinet, que il avoit tant chier (1).
Por çou qu'Ogier en vaut au roi plaidier,
Le fist li rois de sa terre cachier,

Et ses casteaux abatre et essilier :
Ne li laissa, qui vausist un denier.
En autre terre le covint costoier :
Passa les monts ; si vint à Désier (2).
Il le retint de gré et volontiers.

Puis le boisa comme coars lanier (3),
Qu'en la bataille et en l'estor plenier,
Le laissa il, dont il fist que lanier.
Car tot li home au boin danois Ogier
I furent mort à doel, sans recouvrier.

A castiel fort l'ala puis asségier,
Si com oistes en la canchon arrier.
Puis escopa par effors de destrier.
Or a tant fait et avant et arrier
Qu'en prison est li boins danois Ogier.

En porte Martre (4), que fermèrent Pou-
[hier (5),
Chose est à Rains, tot droit l'arcevesquié.
Sept ans i fu li boins danois Ogiers.
Ce fu grans doelx à si vaillant princhier,
Quant si lonc tans li convint ostagier.

(1) Fils naturel d'Ogier.
(2) Didier, roi des Lombards.
(3) Puis le trompa comme un lâche oiseau de proie.
(4) Lisez : *Porte Charcre*.
(5) Tel était alors le nom des Picards.

LA CHANSON D'OGIER (1).
(780-820.)

—La belle est dans la tour.
—Oger! Oger! Oger!
—La belle est dans la tour.
—Grand chevalier!

(1) Cette chanson, telle que nous la donnons, est encore répétée à Reims : elle forme un jeu chanté.—Une jeune fille fait le rôle de la belle : autour d'elle bien serrées, se tiennent ses compagnes, qui représentent les pierres de la tour, à l'exception d'une seule : c'est à celle-ci que revient l'honneur de représenter le paladin Oger.—La chanson est un dialogue entre la belle, qui appelle Oger à son secours, les jeunes filles qui la gardent, et le grand chevalier qui veut la délivrer.—Il détache une jeune fille du groupe à la fin du cinquième couplet, et la chanson recommence autant de fois qu'il y a de pierres à détacher, en s'augmentant chaque fois d'un couplet.—On verra, dans la chanson suivante, qu'Ogier, réconcilié avec Charlemagne, fait par lui comte de Loos, gouverneur du Hainaut et des Ardennes, passa la fin de ses jours à faire du bien aux jeunes filles pauvres; aussi sa mémoire est-elle encore populaire parmi nos bachelettes. C'était, d'ailleurs, dans sa jeunesse, un beau cavalier, si nous en croyons ces vers :

> En Ogier ot mult très bel baceler :
> Blond ot le poil, menu, recercelé (frisé).
> Les elx ot vairs et le viaire cler.
> Les bras ot lons et les poins bien quarrés.
> Gros par les costes, graile par le baldrer (ceinture).
> Les piés voltis et gambes ot ossés.
> En nule terre n'ot plus bel baceler.

Chanson d'Ogier, t. I, p. 3.—Aussi, quand il rencontre dans le cours du roman fillette jolie, le poète est-il forcé de dire :

> Et la pucele prist lui à enamer.

—Ne peut-on pas la voir ?
—Oger ! Oger ! Oger !
—Ne peut-on pas la voir ?
—Grand chevalier !

—Les murs en sont trop hauts.
—Oger ! Oger ! Oger !
—Les murs en sont trop hauts !
—Grand chevalier !

—Une pierre il faut ôter.
—Oger ! Oger ! Oger !
—Une pierre il faut ôter.
—Grand chevalier !

—Une pierre ne suffit guère.
—Oger ! Oger ! Oger !
—Une pierre ne suffit guère.
—Grand chevalier !—Etc.

Il est, dans ce roman, un passage dont notre chanson est peut-être une réminiscence — Ogier est dans la tour de Reims. Charlemagne ne veut pas lui pardonner sa trahison : il menace de sa colère quiconque lui parlera d'Ogier. Lui seul, cependant, peut vaincre les Sarrasins qui ont envahi la France : que faire ?

En l'ost avoit ben trois cens esquiers,
Tos fix as comtes, as dux et as princiers,
Qui entre aus ont et parlé et plaidié.
Par sairement iront nomer Ogier.
As mains se prisent li damoisel proisié :
Au trefle roi s'en vinrent sans targier.
Grans fu la rote : si prirent à hucier
Trestot ensanble : —Ogier ! Ogier ! Ogier !

T. II, p. 416.—Les fillettes de Champagne n'oublient rien : avec elles, un bienfait n'est jamais perdu. Elles ont gardé la mémoire du preux qui les défendit contre les outrages de l'étranger, qui donnait aux orphelins un asile, et des dots aux pauvres pucelles.

LE TOMBEAU D'OGIER D'ARDENNES
A MEAULX.
(820.)

Kalles repaire à Paris la cité (1) :
Ogier dona de Hénalt la conté
Et de Braibant li riche duchéé,
Et li dona d'Ermay la grant cité.

Molt fut Ogier crémus et redotés :
Ben solt prodome et chierir et amer,
Et les malvas et plaissier et grever,
Les orfelins aida ad relever.

En liu, où fu, n'es laissa mais errer (2).

(1) *Chanson d'Ogier*, par RAIMBERT, de Paris.—J. Barrois, 1842, t. II, p. 557.—Les Bénédictins ont donné la description du tombeau d'Ogier dans l'église de Saint-Faron, à Meaux. Ils ne mettent pas en doute son existence. Près de lui reposait sa sœur Aude, la fiancée de Rolland.

(2) On comprend que les jeunes filles de Champagne n'aient cessé d'invoquer son nom : déjà, pendant sa captivité, son caractère aimable et chevaleresque lui avait, à Reims, conquis tous les cœurs.— Aussi, dit Raimbert de Paris, pendant qu'il est en la tour :

Veoir le vont dames et escuiers,
Et les borgois de Rains li plus proisiés :
Maint damoisiel vont avoec lui mangier
Par compaignie et por lui rehaitier :
Maint bel présent li ont fait envoyer.
Gentius hom ert; s'en avoient pitié.—(*Ogier*, t. II, p. 301.)

Poures pucelles fist du sien marier.
S'il vit franc home caü en poverté,
Qui sa terre ait par besogne aloé,

Il li rachate por Deu de maïsté.
Par lui fu Kalles et crémus et dotés.
Puis vesqui tant com à Deu vint à gré :
Après sa fin fu à Mialx enterrés (1).

Lès lui Beneoit (2), de cui fu tant amés.
Jo canchon fine : plus avant n'en orés.
Dex le vos mire, qui escouté l'avés,
Et ne m'obli, qui les vers ai contés (3).

(1) D'après les légendes, Ogier, à la fin de ses jours, se retira dans le monastère de Saint-Faron, et y mena la vie la plus austère.

(2) Ecuyer d'Ogier.

(3) C'est ainsi que finit le *Roman d'Ogier d'Ardene-Mark.*—Sa mémoire est encore populaire dans les Ardennes, dans le Hainaut, qui lui donne place parmi ses comtes.—Ogier, Thierry, Aymon et ses quatre fils, et leur cousin Maugis, sont les preux de l'histoire ardennaise pendant les VIIIe et IXe siècles.

LA GUÉRISON DES ÉCROUELLES.
(907.)

En la vertu de la saincte mition
Qu'à Rheims reçoit le noble roy de France,
Dieu par ses mains confère guérison
D'écrouelles : voicy la demonstrance (1).

(1) *Cérém. françois.* GODEFROY, t. I, p. 189. Au sacre de Charles VIII (1484), on avait représenté sur un échafaud un jeune roi achevant la cérémonie des écrouelles; devant lui étaient de pauvres malades qu'il guérissait en faisant un signe de croix.— C'est par l'intercession de saint Marcoul, mort dans le diocèse de Bayeux, en 558, que les rois de France ont conservé le privilége de guérir les écrouelles, après avoir reçu la sainte onction de l'huile miraculeuse.— Les prêtres qui gardaient ses reliques, de peur de les voir profaner par les Normands, les portèrent, en 907, dans le palais royal de Corbeny, près Soissons. Charles le Simple et Fréderonne, son épouse, bâtirent, pour les conserver, un monastère où les rois de France, depuis saint Louis, allaient en pèlerinage après leur sacre. Plus tard, on amena la châsse dans l'abbaye de Saint-Remi, et c'est dans les jardins de la communauté que s'opérait la cérémonie du toucher royal.— « Le roy te touche, disait chaque nouveau monarque, Dieu te guérisse ;» comme le célèbre Paré, avec une modestie devenue bien rare, disait en parlant d'un de ses malades : — « Je le pansai, Dieu le guérit. »

LA LÉGENDE DES ÉCROUELLES.

(907.)

Par tous païs de crestiens (1),
Entre Juïs, qui Dieu desprisent,
Et ès lieus, que paiiens justisent,
Si com le soleil fait sa danse,
Set on bien que li roys de France,
Comment que il soit façonnez (2),
Est li plus dignes couronnez,
Sanz ce qu'aucun riens i ament,
Qui vive sous le firmament.
Et ce voit-on par raisons clères.

Diex du ciel, li souverains pères,
Si grant bonne aventure donne
A quiconques a la couronne
De la terre ramentéue,
Qu'il fait, puisqu'il l'a recéue,
Tout son vivant, miracles beles ;
Car il guérit des escroelles
Tant seulement par i touchier,

---

(1) *Branche des royaux lignages*, Guiart, 1305, édition Buchon, — vers 190.

(2) Henri IV, sacré à Chartres avec l'huile d'une fiole miraculeuse conservée dans l'abbaye de Marmoutiers, a, comme ses prédécesseurs, touché les écrouelles.

Sans emplastre dessus couchier ;
Ce qu'autres rois ne puent faire (1).

(1) Telle était cependant la prétention des rois d'Angleterre, prétention malheureuse et mal fondée, tirée de celle qu'ils élevaient sur la couronne de France. Ils y joignirent pendant longtemps celle de porter des fleurs-de-lis dans leurs armes et dans leurs palais. Ils en mettaient partout, même en certains lieux où personne ne pouvait aller à leur place. — « C'est bon ! c'est bon ! disait un prisonnier français, à qui l'on fit remarquer ce détail : ils n'ont qu'à les regarder, ils auront toujours le ventre libre. »

LE DIT DU SACRE DE HUGUES CAPET.
(22 Juillet 987.)

Lors refist tant Hue Kapès (1)
Par ses dounes, par ses abés,
Et par abés et par eveskes,
C'à Rains l'enoinst li arceveskes (2)
Par la volonté des barons.
Or de partout furent semons.
S'i ot assés comtes et dus,
Moult de gages i ot rendus,
U volt Kapès k'il fust dotés.
A cest roi XXXV contés.
Ensi fu Carlon formenés (3),
Ki deuist i estre couronnés.
Hue Kapès ala partout.
Asséurés se fist debout.

(1) *Chr.* de Ph. MOUSKE, t. II, p. 122. — L'auteur fait de Hugues Capet un maréchal de France au service des derniers Carlovingiens.

(2) Adalberon, chancelier de France, mort en 988.

(3) Charles, duc de Basse-Lorraine, fils de Louis d'Outremer, oncle de Louis V, dernier roi de France de la race de Charlemagne, et mort sans postérité. L'auteur considère Charles comme l'héritier légitime de la couronne. — Ph. Mouske, comme on le voit, appartenait, dans le XIII° siècle, à un vieux parti vivace encore après deux siècles de défaite.

LA PROSE DE SAINT THIBAULT.
(1066.)

Sombre désert, bois solitaire
Par Thibault jadis habité,
Vous fûtes le dépositaire
De la plus haute sainteté.

Du seigneur, dans sa fleur première,
Il porte le joug glorieux.
Insensible aux biens de la terre,
Son seul trésor est dans les cieux.

L'éclat d'une haute naissance
N'éblouit pas son jeune cœur :
Les travaux de l'humble indigence
Ont à ses yeux plus de grandeur.

Il suit la trace douloureuse
D'un Dieu courbé sous une croix :
Humilité plus glorieuse
Que toute la splendeur des rois.

Craignant la louange perfide,
Aliment de la vanité,
Il s'enfuit, colombe timide,
Vers une sainte obscurité.

En vain la forêt de Vicence
Le cache aux regards des mortels :
Malgré son humble résistance,

On le consacre aux saints autels.

Il répand au loin la lumière,
Ainsi qu'un céleste flambeau,
Et devient le guide et le père
D'un docile et nombreux troupeau.

Bientôt sa tendre mère vole
Vers un fils cru longtemps perdu,
Et le rend, dans sa sainte école,
Digne émule de sa vertu.

Par les jeûnes et l'abstinence
Il combat les feux de son cœur,
Dont il dompte la violence
Par une pieuse rigueur.

Celui dont la voix efficace
D'un seul mot aplanit les flots,
Par le doux charme de sa grâce
Lui rend le calme et le repos.

Cette paix, ces douceurs si chères
Seront le prix de mille maux :
Son faible corps couvert d'ulcères
Est près de tomber en lambeaux.

Dieu, qui couronnez le courage
De votre athlète généreux,
Faites-nous entrer en partage
De sa gloire, au séjour des cieux (1).

(1) Reims, Brigot, 1813.—Saint Thibault, dit la légende, descendait des premiers comtes de Brie : fils du comte Arnoul, il naquit à Provins, au commencement du XIe siècle. — Il passa sa jeunesse dans un ermitage bâti dans

LE DIT DE GODEFROY, SEIGNEUR DE BOUILLON EN ARDENNE.

(1100.)

Je fu duc de Bouillon, dont je maintins l'o-
[nour (1).
Pour guerrier païens, je vendis ma tenour (2).
En ses plains de Surie je conquis l'Auma-
[chour (3).

une des îles de la Seine. Il refusa plus tard de se marier et de remplir une charge brillante à la cour du roi Robert. C'est dans l'abbaye de Saint-Remi de Reims qu'il renonça au monde. Il finit sa vie dans un ermitage élevé dans une forêt près de Vicence, en 1066. — Ses restes furent rapportés dans l'église de Sainte-Colombe, à Sens, dont son frère était abbé; plus tard, dans l'abbaye de Saint-Germain d'Auxerre. Son culte est répandu en Brie et en Champagne.

(1) Ce sixain, composé dans le XIIe siècle, fut écrit trois cents ans plus tard, au bas d'un portrait de Godefroy de Bouillon faisant partie de la suite des neuf preux. Cette estampe, gravée sur bois, se trouve à la Bibl. Nation., rue Richelieu. — Herluin, tige des comtes de Ponthieu, vivait en 934. — Son petit-fils Arnoul 1er fut comte de Boulogne. — Eustache II, arrière petit-fils de ce dernier, eut trois fils. L'aîné, Godefroy, eut pour fief la terre de Bouillon en Ardenne. Il y renonça pour faire la conquête de Jérusalem. Son histoire est connue.

(2) Mon fief.

(3) Almanzor, vainqueur.

Le roi Cormunarant ochis en un estour (1).
Jhérusalem conquis et le païs d'entour.
Mors fu XI.C. ans après Nostre Signour.

(1) Godefroy de Bouillon est le héros d'un roman de chevalerie intitulé *le Chevalier du Cygne*. — Cormunaran, roi païen de Jérusalem, est son adversaire et finit par être vaincu.

LA LÉGENDE DE LA BATAILLE DES CHIENS AU MONT-AIMÉ.
(1105.)

Puisque Dieux fist et ciel et nues (1),
Sont maintes coses avenues
Et encor moult en avenra :
Ki pora vivre, s'es vera,
Comment que siècles soit doutans.
Quar il n'a mis encor lonc tans
Que de C. liues s'assanblèrent
Trestous li kiens et aünèrent
Viers Mont Huimer (2), petit et grant.
Et saciez qu'il en i ot tant
Que li païsant s'en doutèrent
Et à C. mille les esmèrent.
Et quant là furent embatut,

---

(1) *Chronique* de Ph. Mouske, t. II, p. 634. Bruxelles, 1838.

(2) Le Mont-Aimé, en Champagne, près de Vertus. — Ce fait étrange se trouve encore consigné dans les *Chroniques universelles* (manuscrit de la Bibl. de la rue de Richelieu, n° 7012, fol. 20), en ces termes : — « En l'an de l'Incarnacion 1105, se assemblèrent les chiens d'Angleterre, de France, de Flandres, de Hénault, et d'aultres plusieurs terres, au Mont-Vuimer en Champagne, et s'entrebattirent tant l'ung et l'autre que tous s'entretuèrent tant d'ung costé que d'autre. » — Le fait est invraisemblable, parce qu'il s'agit de simples bêtes. Si le chroniqueur l'eût mis sur le compte de l'espèce qui se vante d'avoir la raison, qui ne le croirait ?

Si sont entre eux combatut,
Si que li uns l'autre estranla,
A paines que nus s'en rala.
Toutes voies X. en alèrent,
Qui moult mal mis en escapèrent,
Et cil furent kien d'abaïes
(Ce tiesmougnièrent les mesnies).
Cil venquirent : et aussi fait
Li clergiés partout, entresait.
Les cevaliers ont si plumés
Qu'assés leur est petit remés.
Et les bourgeois, et les vilains,
Tout le mond va parmi lor mains.
Jou dit que dedens CC. ans
Sont véues coses plus grans
Qu'en .C. mil. devant. Li clergiés
En est partent li mioul logiés.

LA LÉGENDE DE DAME AELET DE FONTAINE ET DE SON FILS SAINT BERNARD, FONDATEUR DE CLAIRVAUX.
(1091-1150.)

A Clairevaulx, en cette sépulture,
Gist dame Aeleth, humble entre les haultaines,
Née à Monbar, où print sa nourriture,
Puis espousa le seigneur de Fontaines ;
Illec vesquit par ans et par sepmaines,
Soubs Tecelin, son espoux somptueux :
Mais en faisant ses actions humaines,
Avoit le cueur dévot et vertueux.

    La noble dame eut sept enfans :
    Six fils et une fille saige ;
    Tous victorieux, triomphans
    Sur péché et sur vain usaige.
    La mère, par son sainct langaige,
    Leur donnoit admonition
    Comme pour vivre en hermitage
    Ou entrer en religion.

Au Créateur les offroit humblement
L'un après l'autre, comme ils naissoient ;
De son tetin bailloit nourrissement,
Et d'autre laict jamais ne repaissoient.
En ce fesant, la nature prenoient
Et bonnes mœurs de la mère notable ;
Par quoi, enfin, vertueux devenoient,
Car arbre bon porte fruit profitable.

Ainsi se gouvernoit la dame
En forme de religieuse,
Qui, servant Dieu de corps et d'ame,
Estoit miséricordieuse.
Sa famille dévotieuse,
Soubs crainte de Dieu, substentoit
De viande non curieuse,
Mais de gros mets la contentoit.

De ses enfans saint Bernard fut le tiers.
Si en songea quand elle le portoit,
Et touttefois elle ouyt voulentiers
L'interpreteur qui le vray lui comptoit ;
Car pour certain son songe denotoit
Que ce seroit un sainct predicateur
Pour corriger le monde, qui estoit
Plain de péchés et prévaricateur.

Des lors elle diligenta
Sur Bernard l'enfant précieux ;
Premier l'offrit et presenta
A Jesus-Christ, roy glorieux;
Et pour le rendre copieux
En lettres et en sapience,
A Chastillon, lieu spacieux,
Le mit pour aprendre science.

Quand ses enfans furent grands et par-
Elle entendit à reigler sa maison,   [fais,
Continuant aumosnes et bienfais,
Veillant de nuict en jeune et oraison.
Ainsi vivant comme en religion,
Il pleut à Dieu pourvoir de son trespas,
Pour lui donner la retribution
Avec les saincts, en celeste repas.

Si lui print une enfermeté
Dont elle passa de ce monde,
Et à Dieu, sans difficulté,
Rendit son ame pure et monde ;
Car comme celle qui se fonde
En totalle devotion,
Par contemplation profonde,
Reçut son extreme unction.

Les gens d'Eglise avec autre mesgnie,
Clercs, prestres, lais, à son définement
Furent presens, chantant la letanie,
Comme il affiert au digne sacrement.
Lors, répondant de cueur devotement
Et demonstrant qu'elle estoit saincte dame,
Sur certain pas se signa humblement,
Et, ce faisant, rendit à Dieu son ame.

Mais, avant rendre l'ame à Dieu,
Elle fit de la croix le signe,
Et ne peut remettre en son lieu
Sa main dextre noble et insigne.
Ainsi trespassa la tres digne,
En bonnes mœurs accoustumée,
Qui en l'église Sainct-Benigne
Reveremment fut inhumée.

Puis sainct Bernard ne cessa nuict et jour
De remonstrer aux frères et amis
Qu'il convenoit aller prendre sejour
En lieu devot, les biens mondains obmis ;
Mais André fut negligent et remis,
Qui, en ce tems, bon chevalier estoit.
Finalement, quand beaucoup y eut mis,
Sa mère vit qui les admonestoit.

Saint Bernard et André, son frère,
Parlant de la religion
Après le trespas de leur mère,
En eurent clere vision
Qui de leur bonne intention
Se soubsrioit devant leurs yeulx,
Et monstroit exhortation
De procéder de bien en mieulx.

En l'an qu'on dit mil deux cens et cin-
La saincte dame avec Dieu exaltée, [quante,
Pour nous causer devotion plaisante,
Fut de Dijon à Clerevaulx portée ;
Après qu'on eut la place disposée
En ce beau lieu, nommé Sainct-Salvateur,
Par gens de bien y fut mise et posée
Près de son fils, sainct Bernard le docteur.

Prions Dieu par devotion
Qu'il nous gard de chose temère,
Et que, par l'intercession
Tant du fils comme de la mère,
Face florir ce monastère
En toute vertu venerable,
Puis, après cette vie austère,
Nous doyent sa gloire perdurable.
    Amen (1).

---

(1) Collection de M. CARNANDET.— *Monuments de Clairvaux*.— Cette légende, composée par Guillaume Flameng, chanoine de Langres (1480-1510), était écrite au-dessus du tombeau de la dame de Fontaine, dans l'église de l'abbaye de Clairvaux.

LA LÉGENDE DE SAINT BERNARD.
(1091-1153.)

I.

Bernard est né d'un sang illustre et glo-
[rieux (1) :
Mais, encore plus riche en vertus qu'en ayeux,
Il foule aux pieds ses biens, rassemble tous ses
[frères,
Et fuit dans les lieux solitaires (2).

Est-ce donc là, grand saint, le mystérieux
[fruit
Du présage qu'Alix receut pendant la nuit?
Oui, d'une voix douce, ainsi qu'un chien qui
[gronde,
Vous aboyez contre le monde (3).

Plus de repos pour vous, veille continuelle.
Un Dieu né dans l'étable est votre saint modèle,
Et, dans la main du pauvre épandant votre bien,
Votre trésor est dans son sein.

---

(1) Saint Bernard, fils d'Alix, Aleth ou Adèle, et de Tecelin, seigneur de Fontaine, naquit à Fontaine, près de Dijon.

(2) A Clairvaux, derrière le rond-point de l'église, dans le cimetière des abbés étrangers, on montrait les tombeaux des frères de saint Bernard.

(3) Allusion à un rêve qu'avait eu sa mère, lors de sa naissance.

Si des charmes trompeurs vous portent
[quelqu'atteinte,
Bientôt la flamme impure est dans les eaux
[éteinte.
Mollesse, volupté, plaisirs même innocens
Ne sçavent point toucher vos sens.

Honneur au Père, au Fils, qui de leur alliance
Produisent l'Esprit-Saint dans une même essence,
Et qui, nous destinant à des biens éternels,
Fixent vers eux nos yeux mortels !
Ainsi soit-il.

II.

Quel spectacle à Citeaux ! Trente suivent sa
[trace (1).
Les plus sacrés liens se brisent à ce but.
Gérard d'un coup d'épée est confirmé en grâce,
Et, libre du danger, y trouve son salut.

A Clairvaux, je le vois commander, se sou-
[mettre,
Au commun obéir, l'éther en huile se changer;
Par science profonde l'avenir il pénètre,
Un râteau brisé, refait, passe danger.

Il écrit à la pluie, et sec est son papier (2) ;

---

(1) A Clairvaux, on montrait, dans la chapelle dite des comtes de Flandre, la tombe des religieux auxquels saint Bernard avait donné l'habit. La légende raconte que le saint avait reçu de Dieu la révélation de leur salut.

(2) Au-dessus de l'enclos du monastère, était une petite chapelle élevée à l'endroit même où saint Bernard écrivit à son neveu Robert une lettre célèbre : il était en plein air, et la pluie, qui tombait alors, ne mouilla pas son papier.

Il détruit d'une parole mouches et insectes :
D'un signe je le vois d'une femme chasser
Un démon qui, rempli de fausseté, l'infecte.

Protégé de Marie et son panégyriste,
Il explique le sens des livres inspirés ;
Il délivre du feu les morts, qu'il ressuscité,
Le peuple même instruit d'écrits révélés (1).

Louange et gloire au Père, ainsi qu'honneur
[suprême !
Qu'il soit accordé par son Fils pardons et paix !
Joie nous soit donnée par son défenseur, qu'il
[aime,
Par tous les siècles, en tous temps, à jamais !
Ainsi soit-il.

III.

Bernard, ce docteur si sublime,
Aujourd'hui monte vers les cieux,
Attiré par un don intime,
Splendeur de la gloire de Dieu.

Les saints tressailliront de joie,
Voyant Bernard au milieu d'eux :
Jésus-Christ même est la voie
Par laquelle il s'élève aux cieux.

Oh ! combien fut vrai ce présage,
Quand il parut un chien ardent !
Le Créateur donne ce sage
Comme un docteur très-vigilant.

L'Enfant Jésus lui apparut,

---

(1) Allusion aux immortels écrits de saint Bernard.

Ainsi que nouvellement né :
Faveur que de vous il a eu,
O splendeur de la Trinité !

Il guérit les démoniaques,
Soignant les foibles et languissans :
Il leur donne de grandes marques
De salut et contentement.

Il vit le plus heureux du monde,
Portant avec Marie sa croix :
Il goûte une joie sans seconde
Pour les dons précieux du Christ roi.

Dieu de puissance et de lumière,
Loué soyez-vous à jamais,
En attendant qu'à nos misères
Succèdent des plaisirs parfaits !
    Ainsi soit-il.

IV.

Mon Dieu, j'ai vu Bernard, par un ferme
[courage,
Confondre l'effort du démon,
Et, publiant ses lois, fouler aux pieds la rage
Des noirs ennemis de son nom.

Enfin, ce saint héros, plein d'une foy sincère,
T'adressant ses derniers soupirs,
Meurt, et quittant un corps séché d'un jeûne
[austère (1),

---

(1) Saint Bernard se condamna jusqu'à la fin de sa vie au régime le plus austère : il couchait dans une chambre sans feu, sur une natte de jonc que supportait une dalle percée

Contente au ciel tous ses désirs.

O Dieu, qui dans son cœur répandis tes
[lumières,
Ecoute nos tristes regrets,
Et daigne en sa faveur, touché de nos prières,
Révoquer tes justes décrets.

Gloire au suprême Roy des hommes et des
[anges!
Gloire au Fils, notre heureuse paix!
Gloire au Souffle divin, et que de leurs louanges
Le ciel retentisse à jamais!—Ainsi soit-il.

de plusieurs trous. Dans ses derniers jours, les religieux de Clairvaux plaçaient sous cette pierre un brasier qui réchauffait sa chambre sans qu'il s'en aperçût. Il mourut en 1153.—Dans la salle des morts, on montrait encore, avant 1789, une grande auge de pierre dans laquelle on avait lavé son corps avant de l'inhumer. La tradition disait que parfois, au fond de cette cuve, on apercevait son ombre immobile, mais souriante.—Ses restes étaient placés derrière le maître-autel de l'église.—Ces quatre hymnes sont l'œuvre du P. de la Roche.—*Bréviaire* manuscrit de Citeaux, 1737.

LA LÉGENDE DE NOTRE-DAME DE LIESSE.

(1130-1134.)

Peuples dévotieux,
Ecoutez dans ces lieux,
D'un cœur plein d'allégresse ;
Je m'en vais réciter
Un miracle qu'a fait
Notre-Dame de Liesse.

Avant que de vous parler
Des miracles qu'elle a faits,
Parlons de son histoire ;
Vous serez satisfaits,
Car c'est un beau sujet,
Très-digne de mémoire.

Trois chevaliers françois,
Combattants pour la foi
Et pour la sainte Eglise,
Furent faits prisonniers,
Et menés au quartier
Du sultan sans remise.

Quand le sultan les vit,
Aussitôt il leur dit :
—Chevaliers qu'on renomme,
Renoncez à votre foi,
Je vous ferai, ma foi !
Trois grands de mon royaume.

Ces chevaliers françois
Répondirent tous trois :
—Plutôt perdre la vie,
Que de quitter notre foi,
Pour suivre votre loi,
Qui n'est qu'idolâtrie !

Le sultan, en fureur,
Les fit mettre à l'heure
Dans une prison forte,
Croyant les pervertir
Ou les faire mourir
D'une cruelle sorte.

Ce malheureux sultan
Avait certainement
Une fille très-belle ;
Il lui dit dans ce temps :
—Il faut dans ce moment
Que tu me sois fidèle.

Ma fille, dit ce payen,
Ces chevaliers chrétiens
Sont de grands gentilshommes :
Tâche de les gagner,
Ma fille, sans énoncer
Ta royale personne.

La fille du sultan
Prit les clefs promptement
Pour complaire à son père ;
S'en va dans la prison
Pour gagner tout de bon
Ces trois chevaliers frères.

Ces nobles chevaliers,

Captifs et prisonniers,
Voyant cette sultane,
Sitôt lui ont montré
Toute la fausseté
De sa foi mahométane,

Lui disant, en ce lieu :
—Nous croyons au vrai Dieu
Et à la Sainte Vierge.
La sultane, en deux mots,
Leur demande aussitôt
Quelle étoit cette Vierge.

—Apportez-nous du bois,
Dit le plus jeune des trois,
Vous en verrez l'image.
La sultane, de ce pas,
Sitôt leur en apporta,
Sans tarder davantage.

Ces nobles chevaliers,
N'étant pas ouvriers,
Prièrent leur concierge ;
De nuit, l'ange de Dieu
Apporte dans ce lieu
L'image de la Vierge.

Ismérie, tout de bon,
Retournant en prison,
Ces chevaliers très-sages
Sitôt lui ont montré
Et lui ont présenté
Cette très-sainte image.

La sultane, humblement,
Reçut dévotement

Cette très-sainte image,
Et la porta après
Dedans son cabinet,
Pour lui faire hommage.

Dans sa dévotion,
Elle eut révélation
De Dieu et de sa mère
Qu'elle seroit baptisée,
Quand elle auroit sauvé
Les trois chevaliers frères.

A ce commandement,
Ismérie, promptement,
Abandonne sa terre,
Sauvant les chevaliers
Qui étoient prisonniers
Du grand sultan, son père.

Ayant pris quelqu'argent,
Ses joyaux mêmement,
Et la très-sainte image
Portée entre ses bras ;
Et ne la quitta pas,
L'aimant d'un grand courage.

Ayant marché longtemps,
La sultane, tristement,
Dit aux trois gentilshommes :
—Je ne puis plus marcher.
Il faut me reposer
Et prendre quelque somme.

Les chevaliers, soudain,
S'écartant du chemin,

Entrent dans un bocage.
La sultane s'endort,
Ayant dans ses bras
De la Vierge l'image.

Etant tous endormis,
Chose vraie, mes amis,
Ils furent, d'assurance,
Miraculeusement
Transportés, en dormant,
Au royaume de France.

Etant tous éveillés,
Ils furent bien étonnés,
Avec Ismérie,
De ne point se trouver
Où ils s'étoient couchés,
Au pays de Turquie.

Voyant un jeune berger
Jouant du flageolet,
L'un de ces gentilshommes
Lui a dit : —Mon ami,
Quel pays est-ce ici ?
Et dis-moi où nous sommes ?

Le petit bergerot
Répond en peu de mots :
—Vous êtes en Picardie,
Tout proche de Marchais,
D'où Monsieur, pour le vrai,
Est esclave en Turquie.

Ces bons seigneurs alors
Reconnurent d'abord
Que Dieu, par sa puissance,

Les avoit délivrés
Et même transportés
Au royaume de France.

La mère de ces seigneurs,
Sachant le grand bonheur,
Vint de grande vitesse ;
Ayant vu ses trois fils,
Embrassant Ismérie
D'une grande tendresse.

Ismérie peu à peu,
Selon son saint souhait,
Reçut le saint baptême
Par l'évêque de Laon ;
La confirmation
Elle reçut tout de même.

Cette fille d'honneur
Et ces trois bons seigneurs
Firent faire une église,
Où ils ont fait poser
Cette image sacrée.
Quelle belle entreprise !

C'est où est son pouvoir
Et où elle fait voir
Souvent de beaux miracles
Aux pauvres affligés
Qui vont la visiter
Dans ce saint tabernacle.

Allons, peuple françois,
Allons dans cet endroit
Tous en pèlerinage,
Puisque la Mère de Dieu

Veut dans ce saint lieu
Recevoir nos hommages.

D'une grande ferveur,
Prions-la de bon cœur
D'avoir son assistance ;
Elle a toujours aimé
Et toujours protégé
Le royaume de France.

O Mère du Roi des rois !
Assistez notre roi
Contre les hérétiques
Qui s'attroupent aujourd'hui,
Et sont tous contre lui,
Pour la foi catholique (1).

(1) En 1131, Foulque d'Anjou, roi de Jérusalem, confia la garde de la ville de Bersabée aux chevaliers de Saint-Jean-de-Jérusalem. Faisaient partie de la garnison trois gentilshommes de la maison d'Eppe en Vermandois. L'aîné se nommait le chevalier d'Eppe, le second, le sire de Marchais. Faits prisonniers par les Sarrasins, ils repoussèrent les tentatives faites pour les donner à l'islamisme. Ismérie, fille du soudan, chargée par son père de les séduire, fut elle-même, par leurs discours, convertie au christianisme. Pour consolider sa foi naissante, ils essayèrent de sculpter une statue de la Vierge en bois : elle se trouva faite miraculeusement pendant la nuit. Leur joie fut grande, et ils nommèrent la statue Notre-Dame de Liesse. Ismérie, touchée de ce prodige, et sous la protection de la Vierge, dont elle emportait l'image, délivra les chevaliers et partit avec eux pour la France. Ils arrivèrent miraculeusement au château de Marchais.—Barthélemy de Ver, évêque de Laon, baptisa la princesse Ismérie, qui bientôt embrassa la vie religieuse. En 1134, près de Marchais, fut bâtie une église qui reçut la sainte image. On la nomma *Notre-Dame-de-Liesse*. Les miracles qui s'y firent attirèrent de tout temps, de Belgique, de Picardie, des Ardennes et de toute la Champagne, de

LA COMPLAINTE D'ABAILARD ET D'HÉLOISE.

(1125-1163.)

Ecoutez, sexe aimable,
Le récit (*bis*) lamentable
D'un fait très-véritable,
Qu'on lit dans saint Bernard.
Le docteur Abailard
Maître dans plus d'un art,

Précepteur de fillette,
Soupirait (*bis*) en cachette
Pour la nièce discrète
Du chanoine Fulbert.
Sous le même couvert
Logeait le galant vert.

Son latin avec zèle
Il montrait (*bis*) à la belle ;
Et l'on dit qu'auprès d'elle
Il ne le perdait pas.
Mais, un beau jour, hélas !
Donnant leçon tout bas,

Fulbert, avec main forte,
Vint frapper (*bis*) à la porte,

nombreux pèlerins. Les rois et les reines de France l'ont presque tous visitée.—Voyez les *Miracles de Notre-Dame de Liesse*, Bonfons, 1560.

Entouré d'une escorte
Nombreuse et sans pitié.
Abailard, effrayé
Et mourant à moitié,

Quant on vint le surprendre,
Lui faisait (*bis*) bien comprendre
Un passage assez tendre
Du savant Art d'aimer.
Il voulut s'exprimer ;
Mais, sans trop s'informer,

L'abbé, prenant le drôle,
Lui coupa (*bis*) la parole,
Et le maître d'école
Par force resta court.
Dans ce funeste jour,
On vit pleurer l'Amour.

Sans jeter feu ni flamme,
Refroidi (*bis*) pour sa dame,
Abailard, en bonne âme
A Saint-Denis s'en fut.
De Satan à l'affût
Il trompa mieux le but

Que défunt saint Antoine;
Car la main (*bis*) du chanoine
De l'ennemi du moine
L'avait mis à couvert.
Voyant tout découvert,
Loin de l'oncle Fulbert,

La dévote Héloïse,
Qu'on avait (*bis*) compromise,
S'en fut droit à l'église

Du couvent d'Argenteuil.
On lui fit bon accueil.
Avec la larme à l'œil,

Chaque sœur se récrie
Sur la main (*bis*) en furie
Qui tranche pour la vie
Le fil de ses amours.
Craignant les sots discours,
La belle pour toujours

Quitta ce domicile.
Abailard (*bis*), plus tranquille,
Lui fit don d'un asile
Non loin de son couvent.
Héloïse, en pleurant,
Le mit au monument.

Elle eût mieux fait d'en rire,
Car, avant (*bis*) qu'il expire,
Elle pouvait bien dire :
« Ici gît mon amant (1). »

---

(1) La Chanson rit de tout sans pitié. Sans raconter ici l'histoire d'Abailard, rappelons seulement que, dénoncé comme hérétique par deux chanoines de Reims, il quitta Saint-Denis et se retira près de Nogent-sur-Seine, où il fit bâtir un oratoire qu'il nomma *le Paraclet*. C'est là qu'après onze ans de séparation, il revit Héloïse, que Suger renvoyait d'Argenteuil. Il lui donna, ainsi qu'à ses religieuses, ce couvent, et se retira à Cluny. Après de longues querelles avec saint Bernard, fondateur de Clairvaux, il devint son ami et mourut à Chalon-sur-Saône, en 1142. Héloïse, protégée par Mahaut, veuve de Thibault II, comte de Champagne, fit venir les restes de l'homme qu'elle avait aimé et les plaça dans le caveau de l'oratoire qu'il avait bâti. Quand elle mourut, en 1163, on y plaça son corps, d'après ses dernières volontés. Au moment où on la descendait, Abailard étendit

LE DIT DE TIÉBAUT DE CHAMPAGNE,
COMTE DE BLOIS.
(1152-1190.)

Du plus vaillant dirai la somme
Qui fust d'Islande dusqu'à Rome,
Del bon conte Tibaut de Blois,
Del preu, del large, del cortois,
Que gré m'en sara tous li pire,
Quand tous les biens m'en orra dire.
Mais tant dira, comment qu'il aut,
Que riens del mond en lui ne faut
Que nus bons princes ait éu,
Qu'on ait el siècle connéu.

Mult est li quens Tibaus preudon :
Bien a attaint dusques en son.
Il vient sovent où gent s'assemble.
Mais cuidiez vos que il s'en emble ?
A lendemain del parlement,
S'enfuient tout communalment
A la journée, je vou di,
Mais il atent jusqu'à midi,

---

les bras pour la recevoir : c'est ce que dit leur légende. Leur tombeau, refait au XVIe siècle, fut violé en 1793. Ce monument, transporté d'abord à Nogent-sur-Seine, puis au palais des Beaux-Arts, est maintenant au cimetière du Père-Lachaise.—Cette complainte fut faite ou refaite en 1783, par Martin de Choisy.

Com s'il estoit camberlans.
Lors fait apporter ses berlans
Et les escuiers, por joer
L'avoir, dont se velt descombrer.
Car ne li vont pas à noiant.
Où il le sien voit estivant,
Qu'il done tous jours sans promettre,
Ne velt en autre trésor mettre,
Et tout li mond prise sa vie.

. . . .

Li quens Tiebaus, où riens ne faut,
Li fix au boen conte Tiébaut,
Me fist ceste œvre rimoier :
Por lui le fis, ne l' quier noier,
Et por la contesse autressi,
Marie, fille Loéys..... (1).

(1) M. A Jubinal, dans son édition des *OEuvres de Rute-bœuf*, t. I, p. 347, a publié ce fragment du *Poème d'Eracle*, composé par Gauthier d'Arras, et conservé dans le manuscrit 7534 de la Bibliothèque Nationale. Il croit que les éloges du trouvère s'appliquent à Thibault, roi de Navarre, V^e du nom, comme comte de Champagne. Nous pensons qu'il se trompe. Ce prince, ni son père le chansonnier, ne furent jamais comtes de Blois.—Mais Etienne-Henri, comte de Blois, de Chartres et de Champagne, mourut en Palestine, l'an du Christ 1101, laissant cinq enfants :—Henri, dit le Riche, qui lui succéda dans le comté de Champagne; Thibault, qui eut pour sa part Blois et Chartres; Etienne, qui fut comte de Sancerre; Guillaume aux Blanches-Mains, cardinal-archevêque de Reims; Alix, femme de Louis VII; Thibault, qui eut le comté de Blois, V^e du nom dans ce comté, fut surnommé le Grand. Il mourut en 1152.—Son fils Thibault, VIe du nom, comte de Blois après lui, fut surnommé le Bon. Il avait la charge de sénéchal de France. Il se croisa en 1190, et mourut l'année suivante, au siége de Saint-Jean-d'Acre. Il avait épousé Alix, fille de Louis VII, son oncle par alliance.—Gauthier d'Arras ne peut parler

LE SACRE DE PHILIPPE-AUGUSTE.
(1179.)

L'an, puis celui martire, neuf (1),
Mil cent soixante dis et neuf,
Fist assembler tout son barnage (2).
Soixante dix ans ot d'aage.
Bien vit et sot certainement
Qu'il ne vivroit pas longuement
Pour chose qu'il seust donner.
Par quoi l'enfant fist couronner (3)
A Rains la cité, lui vivant,
Qui quinze ans ot l'an ensivant.
Cil jour i ot mainte personne.
D'une part tint la couronne
Li roys Henry par son hommage (4),
Et crioit : —Vive par aage (5) !

que de ces deux princes. Quant à la comtesse Marie, fille de Loéys, elle n'est autre que Marie de France, fille de Louis VII, qui avait épousé Henri Ier, comte de Champagne, frère de Thibault le Grand, comte de Blois.—Le règne de ces princes fut l'âge d'or de la Champagne.

(1) *Branche des royaux lignages*, GUIART, éd. Buchon, p. 32.—Le martyre de Thomas Becket.

(2) Louis le Jeune, né en 1120, mort en 1180.

(3) Philippe-Auguste, né en 1165.

(4) Henri II, roi d'Angleterre, duc de Normandie.

(5) Vive le roi un long âge !—Le sacre de Philippe-Auguste est un fait important dans l'histoire des sacres et dans celle de la monarchie légitime. Ce prince est le dernier qui ait été sacré du vivant de son père, et voici pourquoi : Hugues Capet, on ne peut le nier, monta sur le trône au

LA CHANSON DU PETIT ROI D'ANGLETERRE.

(1190.)

Auprès de Saint-Denys,
Il y a une fontaine.
—Que dit? que dont?
Que dis-tu? que dit-on?
Que dit-elle donc?
—Auprès de Saint-Denys,
Il y a une fontaine.

Trois dames de Paris
Y sont autour qui dansent.

détriment de Charles de Lorraine, oncle de Louis le Fainéant. Rien n'est plus obscur que l'histoire de la postérité de ce malheureux prince. Il mourut en prison à Orléans, laissant plusieurs enfants de Bonne, fille de Godefroy, comte d'Ardenne : une fille dont nous allons parler, et trois fils, Othon, mort en 1004, Charles et Louis, dont l'histoire est inconnue : la première maison de Hesse, éteinte en 1247, prétendait les représenter.—Tout porte à croire que les enfants de Charles lui survécurent, mais que leur descendance ne se soutint pas longtemps.—Nous avons déjà vu Ph. Mouske contester nettement la légitimité d'Hugues Capet, et la nation était, en partie au moins, de l'avis du chroniqueur ; mais voici ce qui advint : il s'agit de Charles, le prince détrôné :

Et Challes fu duc de Lorrainne :
Loing du quel païs mainte mille,
Il donna une seue fille
Au conte Aubert par mariage,
Qui de Namur tint l'éritage :

—Que dit? que dont?
Que dis-tu? que dit-on?
Que dit-elle donc?
—Trois dames de Paris
Y sont autour, qui dansent.

Par là vint à passer
Le p'tit roy d'Angleterre.
—Que dit? qué dont?
Que dis-tu? que dit-on?
Que dit-elle donc?
—Par là vint à passer
Le p'tit roy d'Angleterre.

Il en embrassa deux,
Et laissa la plus belle.

    Ermenjart ot non la pucele.
    De la lignie de la quele,
    Jà soit ce que loing s'estendi,
    Li quens de Henaut descendi,
    Dont puis, qui que le tingne à bel,
    Vint la gracieuse Ysabel,
    Que le roi de France espousa,
    Phelippe, dont l'en dit vous a.
    Cil n'iert pas, tout fust-il prud'homme
    Si con l'ystoire le renomme,
    Qui ne l' tint mie à desloial,
    De la droite tige roial.

Guiart, auteur de ces vers (*Branche des royaux lignages*, vers 7780), ne balance pas à considérer encore Philippe-Auguste comme un usurpateur; mais, après son mariage avec Isabelle de Hainaut, son appréciation change. De cette union naquit un fils, depuis Louis VIII, que le poète considère nettement comme l'héritier de Charlemagne :

Voici ce que dit Guiart (vers 7230) :

    L'an que li rois fu enterré (Philippe-Auguste),
    Dont maint homme ot le cuer serré,

—Que dit? que dont?
Que dis-tu? que dit-on?
Que dit-elle donc?
—Il en embrassa deux,
Et laissa la plus belle.

—Pourquoy n' m'embrass' tu pas,
Petit roy d'Angleterre?
—Que dit? que dont?
Que dis-tu? que dit-on?
Que dit-elle donc?
—Pourquoy n' m'embrass' tu pas,
Petit roy d'Angleterre?

—Si je n' t'embrasse pas,
C'est qu' tu n'es plus pucelle.
—Que dit? que dont?
Que dis-tu? que dit-on?
Que dit-elle donc?
—Si je n' t'embrasse pas,
C'est qu' tu n'es plus pucelle.

Estoit son fils, Loys le Sage,
D'entour trente-six anz d'aage.
Cis fu, si con le voir ramainne,
De la lingnie Kallemainne,
Par raison d'Isabel sa mère.

Et ailleurs (vers 7800), il parle de Louis le Fainéant :
Diex, qui haut el ciel son règne a,
Soufri que cil sans hoir mourut ;
Par quoy le réaume courut
Jusqu'à sept rois hors du demaine
De la lignie Challemaine.

D'où l'on peut conclure qu'alors la descendance mâle de Charles de Lorraine était éteinte. Ph. Mouske et Guiart ne sont pas les seuls historiens qui nous aient fait connaître à cet égard l'opinion publique.—Louis VIII, né en 1183, fut

—Si tu n'étois pas roy,
J'en aurois la vengeance!
—Que dit? que dont?
Que dis-tu? que dit-on?
Que dit-elle donc?
—Si tu n'étois pas roy,
J'en aurois la vengeance.

Mais, quoique tu sois roy,
Fais-moi voir ta vaillance.
—Que dit? que dont?
Que dis-tu? que dit-on?
Que dit-elle donc?
—Mais, quoique tu sois roy,
Fais-moi voir ta vaillance.

Viens! prends ton épée nue,
Et moi, ma quenouillette.
—Que dit? que dont?
Que dis-tu? que dit-on?
Que dit-elle donc?
—Viens! prends ton épée nue,
Et moi, ma quenouillette.

.acré après la mort de son père, en 1223, et les droits des Capétiens à la couronne de France ne furent plus contestés jusqu'au moment où les princes de la maison de Lorraine essayèrent, pendant la Ligue, de se faire reconnaître pour les descendants de Charlemagne.—Les derniers Carlovingiens dont l'histoire est certaine furent les petits-fils de Pépin, second fils du grand empereur, que représentèrent les comtes de Vermandois, éteints en 1076, les comtes de Ham, éteints vers 1370, et les seigneurs de Saint-Simon, éteints en 1528. Marguerite de Saint-Simon, la dernière de son nom, épousa Mathieu de Rouvroy, et lui apporta en dot son domaine : c'est de cette union que descendent les ducs de Saint-Simon de ce temps.—Philippe-Auguste fut sacré, le 1er Novembre 1179, par Guillaume de Champagne, dit aux Blanches-Mains, archevêque de Reims.

Le premier coup qu'elle porte,
Tue le roy d'Angleterre.
—Que dit? que dont?
Que dis-tu? que dit-on?
Que dit-elle donc?
—Le premier coup qu'elle porte
Tue le roy d'Angleterre.

L' roy d'Angleterre est mort!
Il ne f'ra plus la guerre.
—Que dit? que dont?
Que dis-tu? que dit-on?
Que dit-elle donc?
—L' roy d'Angleterre est mort!
Il ne f'ra plus la guerre (1).

(1) Ardennes.—Collection de M. Nozot.—Louis VII épousa en secondes noces Alix de Champagne, fille de Thibault IV, comte de Champagne, morte en 1206.—De cette union sont issus Philippe-Auguste et une princesse nommée Alix comme sa mère.—La guerre faite par la France à l'Angleterre, de 1171 à 1176, se termina par un traité, aux termes duquel Alix fut fiancée à Richard Cœur-de-Lion, second fils de Henri II, roi d'Angleterre. La princesse, encore au jeune âge, fut envoyée à la cour de Londres, pour y être élevée suivant les mœurs du pays. Bientôt sa grâce et son esprit lui conquirent tous les cœurs.—Richard, de 1186 à 1188, fit la guerre à son père pour le contraindre à lui donner sa fiancée en mariage, en l'accusant d'avoir pour elle une affection illégitime. Un nouveau traité lui promit de lui donner satisfaction, lorsque Henri II mourut en 1189.—Alors Richard refusa d'épouser Alix, sous prétexte que son père avait eu ses premières amours.—Cette odieuse accusation fut suivie du mariage du nouveau roi d'Angleterre avec Bérengère de Provence. Philippe-Auguste et la France avec lui ressentirent vivement ce double outrage : de longues et brillantes guerres contre l'Angleterre vengèrent le monarque. La France, qui chante toujours, et la Champagne, qu'on n'insulte pas impunément, répétèrent la chanson ci-dessus. Son

CHANSON DE LA CROISADE DE 1191.

Nuns ne poroit de movaise raison
Bone chanson ne faire ne chanteir;
Pour ceu n'i veul matre m'antansion,
C'an j'ai asseis otre chose à pansier,
Et non porquant la terre d'outre meir
    Voi en si très grand balance,
Car chantant voil preier lou roi de France,
Ke ne croiet cowairt ne losangier,
De la honte Nostre Signor vangier.

Ai! gentis rois, quant Deus vos fist creü-
Toute Egipte doutoit vostre renon; [sier,
Or perdés tout, cant vos volés laisier
Jhérusalem estre en chativesons.
Kar cant Deus fist de vos élection
    Et signor de sa vanjance,
Bien déussiez monstreir vostre pousance
De revangier les mors et les chaitis
Ke por vos sont et por s'amour occis.

Rois, s'en teil point vos meteis à retour,
France diroit, Champagne et toutes gens,
Ke vostre los aveis mis an trestour

texte a dû subir bien des altérations : nous la donnons telle qu'on la chante encore dans notre province, et surtout dans les Ardennes, où l'on n'oublie rien.—Alix, retenue prisonnière, ne put revenir en France qu'en 1195. Elle épousa, la même année, Guillaume, comte de Ponthieu. L'histoire de ses malheurs se lie à celle des misères que causèrent à la France l'ambition et la violence de Richard : aussi le dernier couplet chante-t-il la mort de ce prince et la fin de la guerre.

Et ke guingniet aveiz moins ke niant,
Et des prisons ki vivent à torment.
  Déussiez avoir pésance,
Bien déussiez querre lour délivrance.
Ke por vos sont et por s'amor occis,
Cest grant pechiez s'es i laxiés morir.

  Rois, vos aveis trésor d'or et d'argent
Plus que nus rois n'ot onques, ce m'est viz;
Si an deveis doneir plus largement,
Et demoreir por gardeir cest païs;
Kar vos avez plus perdut ke conkis.
  Se seroit trop grant vitance
De retorneir à tout la meschéance :
Mais demoriés; si feriés grant vigour,
Tant ke France ait recovréé s'onour.

  Rois, vos savez que Deus ait poc d'amis,
N'en ot kemais n'en ot si boen mestier;
Car por nos est, ces pueples, mors et pris,
Ne nus fors vos ne l'an puet bien aidier ;
Ke povre sont li atre chivelier.
  Si criement la demorance,
Et s'ans teil point lor feisiez faillance,
Saint et martyr, apostre et inocent
Se plainderoient de vos à jugement (1).

(1) Cette chanson, publiée par M. L. de Lincy, fut faite lorsque Philippe-Auguste, fatigué de la croisade commencée en 1191, avec Richard Cœur-de-Lion, revint en France. Henri II, comte de Champagne, l'avait accompagné : il avait épousé Isabelle, héritière du royaume de Jérusalem. Il mourut à Tyr, en 1192, laissant à ses deux filles ses droits à cette couronne. C'est à ces faits que font allusion le deuxième et le troisième couplets de la chanson. On peut la supposer écrite dans les intérêts du comte.

LES CHAMPENOIS A BOUVINES.
(27 Juillet 1214.)

Li rois vint (ce dit le latin) (1)
Un dimanche, par matin,
Lui et l'ost, qui d'errer ne tarde.
L'esleu fist l'arrière-garde
De Senlis, pour paour de honte,
Et de Meleun le visconte.
Cil dui orent en leur compaingne
Li bons chevaliers de Champaingne,
Qui en guerre sont gens isnelles :
Tost sorent Alemans nouvelles...
Des rens fu bele la monstrance
Et gracieuse l'ordonance...
Pour aler la guerre en errant,
Furent rengiés contre Ferrant (2),
Devers destre li Champenois (3) :

(1) *Branche des royaux lignages.*—Guiart, dans ce passage, traduit le poème latin de G. Le Breton, *la Philippide.*

(2) Ferrand de Portugal était comte de Flandre du chef de sa femme Jeanne, fille de Baudouin IX, empereur de Constantinople, et de Marie de Champagne.—Nous ne ferons pas ici l'histoire de la campagne de Bouvines : rappelons seulement que l'empire, l'Angleterre et la Flandre s'étaient ligués contre la grandeur naissante de la France.

(3) En ce moment, le comte de Champagne était Thibault IV, depuis si célèbre sous le nom de roi de Navarre. Il n'avait alors que treize ans ; mais sa mère Blanche de Navarre, qui gouvernait en son nom, envoya le contingent de son fief sous les ordres des pairs et sénéchaux de Champagne.

Contre Renaut le Boulonnois (1),
Contre Anglois et contre leur mestre (2)
Furent li Drouois à senestre (3).
Flamens, qui par orgueil atendent,
Tost après de leur rens distendent,
Pour estre l'un et l'autre aidant.
Devant est Jehan Buridant (4)
Qui, comme un fol musart, escrie :
—Chacun souvingne hui de sa mie !
O lui est Gauthier de Guistele (5).
Li renc des Champenois destele
Contre Flamencs, lances bessiées.
Si sont leurs routes eslessiées.
A l'assamblée est grand la noise.
Buridant, qui si se dégoise,
Est pris et liez en poi d'eure...
Chacune ost est d'ire alumée.
Grand est la noise, et la fumée,
La bataille et l'abatéis
De toutes parts du féréis,
Dont le contans demesuré
Ot ja bien trois heures duré.
A cele heure, que je vous baille,
Chaï le fès de la bataille
Du tout sus le conte Ferrant.
Champenois se vont desserrant,
Qui en lonc tindrent maintes braces,

(1) Renaud de Dammartin, comte de Boulogne du chef de sa femme Ida.

(2) Jean Sans-Terre, roi d'Angleterre.

(3) Robert de France, comte de Dreux, de Braine, de Fère-en-Tardenois, et ses vassaux.

(4) Chevalier de l'armée coalisée.

(5) Seigneur flamand.

A coutiaux, à lances, à maces,
Et à mainte espée taillant,
Vont ceus de Flandres assaillant.
Ferrant en tel guise débatent
Qu'enmi eus à terre l'abattent,
Comment qu'il ait brait ne crié.
Il l'ont entr'eus pris et lié.
Hue de Mareuil l'en emmaine (1).
Or croist sa douleur et sa paine...
A cele heure qu'on prist Ferrant,
Qui d'ire alloit les dens serrant...
Aprochoit des rens l'oriflambe.
El estoit au vent baloiant
D'un ample cendal roujoiant.
Après venoient les communes,
Où gens avoient blanches et brunes (2),
Pour aidier au roi léaument,
Comme Amiens especiaument.
François grant loenge i acquièrent,
Qui de tout leur pouvoir i fièrent.
Normands mie ne s'y refainguent (3).
Saint-Pol, et ceux qui l'accompaignent (4),
Emplissent les chans de charoigne.
Meleun, Champaingne, Bourgoigne (5)

(1) Hue de Mareuil-sur-Marne : probablement il commandait les compagnies fournies par la vallée de la Marne.

(2) Allusion aux vêtements et armures des gens des communes.

(3) Les Normands étaient Français depuis 1204.

(4) Gaucher III, de Châtillon-sur-Marne, comte de Saint Pol, contribua, par son courage et celui de ses vassaux, au gain de la bataille.

(5) Adam II, vicomte de Melun, mort en 1217.—Eudes de France, duc de Bourgogne, mort en 1218. Tous deux combattirent à Bouvines.

Queurent partout aux cris nouviaux,
Comme à la louve les louviaus.
Essome nule ne contreuvent.
Les communes bien si repreuvent :
Sus escuz fièrent et sus cotes (1).

(1) De pareilles légendes prouvent qu'au Moyen-Age, les gens de nos villes et de nos campagnes comprenaient aussi bien leurs droits que leurs devoirs.—L'histoire de France est celle de tous les Français, nobles ou roturiers, pauvres ou riches.

LE PRISONNIER DES CHAMPENOIS.
(27 Juillet 1214.)

Ferrant portent dui auferrant,
Qui tous deux sont de poil ferrant.
Ainsi s'en va lié en fer
Li quens Ferrant en son enfer.
Li auferrant de fer ferrés
Emportent Ferrant enferré (1).

Deux ferrants
Bien ferrés
Portent Ferrant
Bien enferré (2).

(1) *Branche des royaux lignages,* GUIART, vers 7056, éd. Buchon.

(2) Chant populaire contemporain. Avant la bataille de Bouvines, une sorcière avait prédit au comte de Flandre que Philippe-Auguste serait renversé de cheval et que lui, Ferrand, ferait son entrée à Paris dans une litière, au milieu de la joie générale. — Il en fut ainsi : au commencement de la bataille, le roi de France fut jeté à bas et défendu par les gens des communes. — Ferrand, comptant sur la victoire, avait fait préparer des cordes et des fers pour lier ses prisonniers. — Il fut ramené en triomphe à Paris, dans une litière grillée en fer, traînée par des chevaux couleur gris de fer. — De là les jeux de mots de ces deux couplets.

LE COMTE DE CHAMPAGNE

ET LES CHAMPENOIS AU SIÉGE D'AVIGNON.

Mais li sire des Campegnois
N'i esploita vallant II nois ;
Car en la vile et l'aparent
Manoient auques si parent :
N'onques el castiel d'Avignon
Cevalier, siergant ne vignon
Ni closent pour lui porte u bare ;
Quar fille ert au roi de Navare
Sa mère ; s'en devoit oirs iestre.
Si vot garder aus et lor iestre,
Et moult souvent à aus parloit,
Et disoit leur çou qu'il voloit.
S'en estoient plus fiers assés ;
Quar mout en i ot amasés
Qu'oumes que femes en la vile,
Qui, doit-on, bien L mile,
Tot sans biestes et sans enfans.
A aus parloit li quens tos tans ;
Et moult souvent al roi disoit
Qu'al siége n'avoit point d'esploit ;
Tant que li rois, ki ne l' créi,
Le blastenga et mescréi.
Et li quens s'en est coureciés ;
Par devant le roi s'est dréciés,
Si a pris congiet par courous ;
Et li rois li dist, oïant tous,
Que, s'il laisoit ensi sa gierre,

Jamais rien ne clamast à tièrc,
Qu'il tenist de lui à nul jour.
Puis i fu III jours à soujour
Li quens Tiébaus ; et puis en fist
A miénuit, si comme on dist,
Son harnas mener coiement ;
Et puis s'en ala voirement,
Comme marcéans, fors de l'ost,
II luiees, ainc jour moult tost.
Et lendemain si s'en alèrent
Si cevalier, ki dolant èrent.
Mais li ribaut et li boucier,
Vallet, garçon et çavetier,
Les ont de tost aler semons
A çavates et à poumons,
Et les clamèrent fos et faus.
Si fu vertés que, par consaus,
Fu li quens d'esrer si destrois
Qu'une jornée fist de III (1).

(1) *Chron.* de Ph. MOUSKE, vers 26173. — Louis VIII, pour détruire la puissance des comtes de Toulouse, entreprit la guerre dite des Albigeois.— Thibault IV, comte de Champagne, comme vassal, dut le suivre ; mais, du chef de sa mère Blanche de Navarre, il se trouvait être l'héritier présomptif du trône de Navarre. Ses parents maternels se trouvaient les alliés du comte de Toulouse ; ils exercèrent sur son esprit léger et inconstant une influence fâcheuse, et le comte chansonnier, malgré le roi, quitta l'armée. Cette désertion est une des taches que porte avec elle la mémoire de Thibault. Les Champenois, comme le dit le chroniqueur, n'y prirent part qu'avec un vif regret.

LES RÉMOIS AU SIÉGE D'AVIGNON.

(1225.)

(Le roi Louis VIII tient un conseil de guerre.)

Atant l'arceveske de Rains
Si se leva tous premerains,
Et dist al roi : Sire, li quens
De saint Pol, ki tant parfu buens,
Qui n'avoit en lui qu'amender,
De faire, ni de commander,
Est hui mors el siècle, ça jus.
Mais jou sai bien k'il vit là sus
Avoec le roi, ki tot justice.
Et li quens à vostre service
N'avoit que .XV. cavaliers
A son coust et à ses deniers.
Et jou .XXV. en avoie,
Dont en l'ost Dieu et vous servoie.
Or ferai tant que avoec les miens
Pour Dieu et vous prens les siens,
Et jur le siége tout autel
Comme vous, selonc mon castel (1).

---

(1) *Chron.* de Ph. Mouske, t. II, p. 531. — Ce fragment indique le nombre d'hommes que devait au roi de France le fief des archevêques de Reims. — Louis VIII fit le siége d'Avignon à l'occasion de la guerre des Albigeois : son but était d'abattre la puissance des comtes de Toulouse, devenue menaçante. — L'archevêque de Reims était Guillaume de Joinville, mort en revenant du siége.

LE DIT DU SACRE DE SAINT LOUIS.
(29 Novembre 1226.)

Al prim diémence d'Aoust (1),
A grant baudorie et grant coust,
Vinrent et .I. et autre à Rains.
Ne sai li queus fu premerains.

Mais cascuns i vint enforcis,
Conte, duc et prince et marcis,
Abet, moine, kanonne, évesque,
Légat, prélat et arcevesque.

Et li rois Jehans d'Acre i fu (2).
Mainte reube i ot de boufu,
Et de pourpres et de samis,
U il avoit bons orfroi mis.

Et si avoit assés encor
De rices dras batus à or,
Et de dras tains et d'escarlates,
Détrenciés à grant barates.

Sables, ermins, et vairs et gris,
As jovenciaus et as vios gris.
Tant i ot fieste et envoisure,

(1) *Chronique* de Ph. Mouske, vers 24181.—Saint Louis fut sacré à Reims le 29 Novembre 1226.

(2) Jean de Brienne, roi de Jérusalem et empereur de Constantinople, chevalier champenois, mort en 1237.

Qu'il n'en estoit fin ne mesure.

Ce sanbloit que çou fust une ost.
Li keu ni orent nul repos (1)
Ne del venir ne del aler;
Des viandes n'estuet parler.

Mais pour l'anpoule envoïa l'on (2)
A Saint-Remi; et, sans tençon,
A CC cevaliers armés
Et moult cointement acesmés,

Ki tout estoient boin ami.
Vint li abés de Saint-Remi,
En mi liu d'aus tous reviestus.
Si par est jusqu'al roi venus,

Aportant l'ampoule et le cresme,
Ki Dé par son angle méesme
Envoie, quant il est besoins,
Pour çou que rois en soit enoins.

Dès le premier roi crestiien,
Cloévi, ce savommes bien,
Al viespre, par .I. samedi,
L'envoïa Dieux, pour voir le dit.

Et quant on doit le roi sacrer,

(1) Les cuisiniers.

(2) Miracle de la sainte ampoule.—Le prieur de Saint-Remi apportait lui-même le reliquaire pendu à son cou. Il ne le confiait à personne, parce que les archevêques de Reims auraient voulu s'en emparer. Il ne partait qu'après avoir reçu des ôtages et sous une escorte, qui répondait de lui et de la précieuse fiole.

S'en i trueve-on sans arester,
Et à cele eure et à cel point,
Et plus sans mestier ni apoint.

Ensi li abbés, com jou di,
Aporta l'ampoule à cel di.
Et mesire Loéis vint,
Si atirés com li couvint,

Et sa feme de l'autre part (1);
Et l'arcevesques leur départ (2)
Des cresme ; si les a sacrés,
Et bénéis et ordenés.

L'ampoule lues reporter font.
A cest roi XLV sont.
Fais fu et finés le siervices
A moult grant joie, haus et rices.

(1) Marguerite de Provence.
(2) Le roi saint Louis fut sacré par Guillaume de Bazoche, évêque de Soissons, le siége de Reims étant vacant.

CHANSON SATIRIQUE CONTRE LE ROI

DE NAVARRE.

(1227-1230.)

Or somes à ce venu
Que la roïne et si dru
Ont porchascié et meu,
Dont nous serons vil tenu ;
   Si donc qu'à ce viengne
   Que France s'en plaigne,
Et chascun gros et menu,
Et li vieil et li chenu.

Or verrons le fort escu,
Maistre Gauthier le Cornu,
Qu'a par son conseil perdu
Au roi ce qu'il a perdu.
   Les barons desdaigne
   Ne por la gent d'Espaigne,
Qui ont adès Dieu mescréu :
Li roi mort tant mar i fu.

Rois, por Dieu ! por quoi crois tu
Home parjure et venéu,
Tel à ceus que pris Dangu ?
Le quens de Campaigne
   Et le rois d'Espaigne
   Fuissent vil et abatu,

Et France fust en vertu !

Sire, car faites mander
Vos barons et acorder :
Et viegnent avant li per,
Qui soelent France guier.
   Et o vo maisnie
    Vous feront aïe.
Et faites les clercs aler
En lor église chanter.

Si vor volés honorer
Vos prodomes et amer,
Il feroient repasser
Les Englois outre la mer.
   Ne créez vou mie
    Gent de féminie.
Ains faites ceus appeler,
Ceux qui armes sevent porter.

Diex, qui le mond peut sauver,
Gart France de rauser,
   Et la baronie.
   Et Thibault de Brie,
Doinst Diex le roi mains amer,
Et Ferrand face ferer.

Rois, la prophécie,
   Qu'on dit, ne ment mie :
Que feme set cil grever
Qui ses barons sot amer (1).

---

(1) Manuscrit 184, suppl. français, Bibliothèque Nationale.—Cette chanson fut composée quand Ferrand, comte de Flandre, le vaincu de Bouvines, vint au secours du comte de Champagne attaqué par les barons. Le dernier

CHANSON
CONTRE LE COMTE DE CHAMPAGNE.
(1228-1230.)

Je chantasse volentiers liément,
Sé je trovaisse en mon cuer l'ochoison,
Et desisse et l'estre et l'errement,
Sé j'osasse mettre m'intention,
De la grand cort de France au dous renon,
  Où toute valors se baigne.
Des prodomes me lo, qui qui s'en plaigne,
Dont tant i a, que bien porront véoir
Par tant, je cuid, lor sens et lor savoir.

De ma dame, vous di-je vraiement
Qu'ele aime tant son petit enfançon
Que ne velt pas que se travaut sovent
En départir l'avoir de sa maison :
Mais ele en done et départ à foison.
  Molt en envoie en Espaigne

couplet est une allusion à sa captivité.—Gauthier le Cornu, secrétaire de Louis VIII, fidèle conseiller de Blanche de Castille, fut fait archevêque de Sens en 1221, et mourut en 1241.—On reproche à Thibault ses alliances avec les princes espagnols. On en fait presque des mahométans, parce que, dans leurs familles, ils comptaient des alliances avec les Arabes.—Cette chanson est écrite par Huc de La Ferté, qui prit part à toutes les intrigues du temps : il appartenait à la ligue qui voulait renverser la dynastie des Capétiens.— Voyez notre édition des *Chansons du roi de Navarre*.

Et molt en met en enforchier Champaigne.
S'en fait fermer chastiaux por mieux valoir :
De tant sont ja par li creu si oir.

Sé ma dame fust née de Paris,
Et ele fust roïne par raison,
S'a elle assez fier cuer, ce m'est avis,
Por faire honte à un bien haut baron
Et d'alever un traitor félon.
   Diex en cest point le maintiegne!
Et gart son fil que ja feme ne pregne!
Car par home, ne puis-je pas véoir
Qu'ele perde jamais son pooir.

Prodome sont et saige et de haut pris.
S'en doivent bien avoir bon guerredon,
Cil qui li ont enseignie et apris
A eslongier ceaus de ci environ.
Ele a bien fermée sa leçon,
   Car tos les het et desdaigne :
Bien i parut l'autre jour à Champaigne,
Quant li baron ne porent droit avoir,
Ne nes daigna esgarder ne véoir.

Que vont quierant cil fol baron bregier
Qu'il ne viegnent à ma dame servir,
Qui miex saroit tout le mont justicier
Qu'entre aus trestous d'un povre bourc joïr?
Et del trésor, s'ele en fait son plaisir,
   Ne volt qu'à aus en ataigne :
Conquise en a la justice romaigne,
Si qu'elle fest les boins por maus tenir
Et les pleuseurs en une eure saintir.

   Diex! li las de la Bretaigne,
Trovera-t-il jamais où il remaigne,

S'ensi li volt tote terre tolir,
Dont ne sai je qu'il puisse devenir (1)?

(1) *Romancero français*, Paulin PARIS, page 182.—Cette ballade fut composée par Hue de La Ferté, un des ennemis de la reine Blanche, au moment où la ligue des barons voulut renverser Louis IX au berceau et proclamer roi le sire de Coucy. Thibault s'était rallié à la couronne ; aussi accuse-t-on la régente d'employer les deniers de l'Etat à fortifier la Champagne.—Le duc de Bretagne, Pierre Mauclerc, avait appelé les Anglais en France, et les armées royales avaient envahi son duché.—Le cardinal de Saint-Ange, légat du pape, était le conseiller de la reine.—Voyez notre édition des *Chansons de Thibault*.

CHANSON SUR LA GUERRE DES BARONS

CONTRE LE COMTE DE CHAMPAGNE.

(1228-1230.)

En talent ai que je die
Ce dont me sui apensés.
Cil, qui tient Campaigne et Brie,
N'est mie drois avoués.
Car puisque fu trespassés
Cuens Thibault à mort de vie,
Saichiés, il fu engendrés :
Or gardez s'il est bien nés.

Deust tenir signorie
Tex hom, chastiaus ne cités ?
Très dont qu'il failli d'aïe
Au roi, où il fu alés.
Saichiés, s'il fust retornés,
Ne l'en portast garantie
Hom qui fust de mère nés,
Qu'il n'en fust désérités.

Par le fil sainte Marie,
Qui ens la crois fu pénés,
Tel cose a faite en sa vie,
Dont deust estre apelés.
Sire Diex, bien le savez,
Il ne se deffendit mie,
Car il se sent encolpés.
Seignor barons, qu'atendez ?

Quens Tiebaus, d'ores en vie
De félonie fretés,
De faire chevalerie
N'estes vous mie alosés ?
Ainçois estes miex marillé
A savoir de sirurgie.
Viex et ord et bosoflés,
Totes ces taches avés.

Bien est France abatardie,
Seignors barons, entendez,
Quant femme l'a en baillie,
Et tele com bien savez,
Il et ele les ales li tiegnent,
.... par compagnie.
Cil n'en est fors rois damés,
Qui piéça est coronez **(1)**.

(1) Cette chanson (Bibl. Nat., suppl. franc., manuscrit 184, n° 149), attribuée à Hue de la Ferté, fut composée de 1227 à 1230, dans les mêmes circonstances que la précédente. Le premier couplet attaque l'honneur conjugal de Blanche de Navarre, comtesse de Champagne, mère de Thibault IV. On y présente ce prince comme conçu après la mort de son père. Le couplet suivant concerne le reproche fait à Thibault d'avoir abandonné Louis VIII au siége d'Avignon. — Le troisième rappelle le duel judiciaire proposé par le comte de Boulogne à Thibault, accusé d'avoir empoisonné le roi, et par lui refusé. — Le couplet suivant est une allusion au même fait. — Le dernier nous montre que les confédérés n'étaient que des ambitieux. Ils voulaient beaucoup plus le pouvoir que le bonheur de la France.

Dans ce temps-là,
C'était déjà comme ça !

CHANSON
SUR L'INVASION DE LA CHAMPAGNE
PAR LES BARONS LIGUÉS CONTRE THIBAULT IV.
(1228-1230.)

—Gautiers, qui de France venés
Et fustes aveuc ces barons,
Qu'or me dites, sé vos savés,
Quels est la lor entensions?
Durra mais tous jors lor tensons,
Que ja n'es verrons acordés?
Ne ja n'es verront si mellés
Que perciés en soit uns blasons?

—Pières, sé nostre cuens Henris
En est créus, et li Bretons,
Et les Bretons qu'est si osés,
Et li sires des Bourguignons,
Ainçois que paissent rouvesons,
Verrés Baicles si raussés
Que lors bobans sera matés :
Ja rois ne lor iert guérisons.

—Gautiers, trop dure longuement
Cist menacier, et si volt pou,
Mal semble qu'il aient talent
D'eus vengier : si ont ils par fois !
Chascun jor assemblés les voy
De loing venir à tout grant gent :
Bien perdent honor et argent,
Quant il ne font ne ce ne quoi.

—Pières, on a véu sovent
Mèsavenir par grant desroi :
Honor ont fait à escient
Et li chardenal et li roi,
Qui les a menés en besloi
Par le conseil dame Hersant.
Dès ore ira la paille avant (à vent) :
Ce puet chascuns penser à soy.

—Gautiers, je ne m'i os fier :
Trop les voi lens à cest mestier.
Lou bel tens ont laissié passer ;
Tant que doit plovoir et negier.
Et quant plus les voi corrécier
Et de la cort por mal torner,
S'en font .II. ou .III. demorer
Por treuve en covert reloignier.

—Pières, ne font pas à blamer
Cil qui en partirent premiers,
Qu'ains puis ne vorent demorer ;
Mais nostre coronés légiers
Por le chardenal losengier,
Qui il n'osèrent rien véer :
Et por ceuls de blame geter
Firent la femme un pou laissier (1).

---

(1) Thibault IV, après avoir trahi tous les partis, s'était enfin rallié à la couronne de France pour la défendre contre les barons. Ceux-ci se liguèrent contre Blanche et son incertain allié, et commencèrent les hostilités.—C'est à cette guerre que fait allusion cette chanson dialoguée. Elle est attribuée à l'un des ligueurs, Henri, comte de Bar. (Manuscrit de la Bibliothèque Nationale, fonds Mouchet 8, fol. 90.) —Le sire des Bourguignons est Hugues IV, qui assiégea Troyes.—Baicles est un surnom donné aux partisans du roi

LA LIGUE CONTRE LE ROI DE NAVARRE.
(1230.)

L'an mil deux cent et vingt et dix,
Fu don Martin en flambe mis :
En tel point fut li quens Tibaut,
Qu'il ala nus comme un ribaut,
Un autre ribaut avec lui,
Qui ne fu connu de nului,
Por escouter que l'en disoit
De lui et com en devisoit.
Petit et grant, mauvais et bon,
Le retraioient de trahison,
Et un et autre, et bas et haut.
Lors dit le quens à son ribaut :
—Compains, or voi-je bien de plain
Que d'une denrée de pain
Saoulerois tous mes amis.
Je n'en ai nul, ce m'est avis,
Ne je n'ai en nului fiance
Fors qu'en la roine de France.
Celle li fu loiale amie :
Bien monstra que ne l'haoit mie.

de Navarre.—Dame Hersant, nom injurieux donné à la louve par nos fabliaux, n'est autre que la reine Blanche.—*Le chardenal* : il s'agit de Romain, cardinal, légat du pape, son conseiller.—Nous n'avons pas besoin de relever les calomnies auxquelles cette chanson fait allusion : nous les avons combattues dans notre édition des *Chansons du roi de Navarre*, Reims, 1851.

Par li fu finie la guerre
Et conquise toute la terre :
Maintes paroles en dist an,
Comme d'Iseult et de Tristan (1).

(1) *Chronique de saint Magloire,* abbé Leboeuf, tome II, page 142.—Ce récit est l'écho des bruits populaires. Thibault avait trahi tous les partis tour-à-tour : la reine le sauva de la colère des complices qu'il avait abandonnés.

LA GUERRE DES BARONS.

(1227-1230.)

Où sont les hommes plus constans
Que les femmes ont esté tous temps
En gouvernemens de païs?
Que fist la mère saint Loys,
Lui estant roy et maindre d'ans ?
Elle édifia en dedans
Le chastel d'Angiers et fonda :
En toutes vertus habonda.
Elle appaisa la grant discorde
De barons françois vil et orde (1),
Qu'ils avoient de gouverner,
Non pas pour bien, mais pour regner.
Car chascuns tenoit une bende ;
Chascuns vouloit avoir prébende,
Et tenir le royaume en bail :
Le roy n'ot donc à soustenail,
(Qui estoit d'environ cinq ans),

---

(1) Nous sommes heureux de voir Eustache Deschamps apprécier, comme nous l'avons fait dans notre édition des *Chansons de Thibault*, la moralité des barons luttant contre la régente. Dans notre préface, nous avons soutenu que les amours de cette princesse et de Thibault n'étaient qu'une calomnie inventée par l'opposition du temps et soldée par l'Angleterre. C'est donc par erreur qu'on nous a reproché d'avoir, d'accord avec les grandes chroniques, soutenu la réalité de la passion de Thibault pour Blanche de Castille.

Fors sa mère, qui fut engrans
De l' garder comme son vray fils;
Et quand elle vit le péril,
A Dieu courut, à Dieu clama.
Et le douls Dieu, qui bien l'ama,
Lui mist au cuer et en pensée
Qu'om fist finale assemblée
A certain jour, en parlement,
Pour veoir et finablement
Qui devroit lors ce bail avoir.
Au barons l'on le fist scavoir,
Aux nobles, peuple et gens d'yglise.
Et à ceste journée prinse
Furent tous. Et lors que fist-elle,
Blanche, fille au roy de Castelle,
Mère de saint Loys le roy
De France? Fist mettre en arroy
Un beau lit richement paré,
En droict parlement estoré.
Là mist le roy en mi la couche,
Et puis commença de sa bouche,
A dire tous les assistans:
— Il me semble qu'il est contens
D'avoir le bail, charge et la cure
Du roy, qui maint peine procure.
Si c'est pour son bien, Dieu le veuille,
Qui en sa grâce le recueille,
Ainsi comme mestier luy est!
Véez ci vos seigneur tout prest,
Fils de roy de France et vos roy,
Je vous le jure par ma foy,
Et sur le péril de mon ame!
Je suis sa mère, povre dame,
Vesve royne, née d'Espaigne,
Fille de roy d'amis lointaigne,

Desconseilliée, sans seignour,
Qui voy le mal et la dolour
De mon enfant et de son regne,
Le mal qui au bien commun regne,
Et qui est taillié de regner
Pour défault de bien gouverner.
Et pour ce que je suy estrange,
Je n'en veuil blasme ne louange
Recevoir de cy en avant.
Vez ci vostre seigneur devant,
Sain et net des membres qu'il a
(Et à tous illec le monstra),
Sain, bel et gent et en tous cas
Gracieux, net et hault et bas,
Plaisant et doulz à resgarder.
Disans : —Or le veuillez garder
Comme vos seigneur souverain.
J'en oste desormais ma main :
Sain et en bon point le vous carche ;
Envers Dieu et vous m'en décarche,
Et le met dedens vostre garde.
Ce fait, chascun d'eulx le resgarde
Piteusement, et en celle heure,
Chascun de pité plaint et pleure.
Et tous les barons, qui la furent,
Qui pour le bail estriver durent,
Et qui ont long temps estrivé.
Furent si de Dieu inspiré,
Les nobles, le peuple et prélas,
Et tous ceulx qui sirent au bas,
Et aultres privé et estrange
Crient : —Vive la royne Blanche !
Et nostre roy vive ensément !
Et elle ait le gouvernement
Sur tous, seule et primeraine.

Et le roy en son vrai domaine,
Comme sa mère et nostre dame,
Et comme vraye preuse fame
A qui de cœur obéirons,
Servirons et conseillerons,
En renunçant à tous les drois
Que nous y avons par les lois
Et establissement de France.
La firent paix et acordance;
Les uns aux aultres eurent paix.
Droit en la chambre du palais,
Dont si grand contens povoit nestre
Que plus grant ne porroit pas estre,
Soubdainement sont faiz amis.
En celle heure les ennemis,
Et ceuls, qui furent en discorde,
Sont tous liés à une corde
De vraie amour, d'umilité,
A l'oneur, à l'utilité
Du roy, de la royne et du regne.
Du bien commun la joye regne.
Chascuns louoit Dieu humblement
De ce joieux acordement.
Furent ès moustiers et ès rues
Haulte grace à Dieu rendues,
Qui par miracles soubdaing
Avoit acordé ce desdaing.
Et en signe qu'il fust mémoire
Que ceste chose eust esté voire
Et mise à paix par ce miracle,
Que fut un précieux triacle
A ce temps pour la gent de France,
Fust établi qu'en remembrance
De ce miracle et celle paix,
Seroit ci liz à toujours mais

En tous lieux où les roys seroient
Pour jugement, et que tindroient
De France la sainte couronne.
Fait et pour ce encore on l'ordonne
Et l'appelle om lit de justice,
Qui est à remembrer propice
Toute fois que roy proprement
Doit venir en son parlement,
Ou qu'il siet pour justice aillours (1).

(1) Eustache DESCHAMPS. — *Miroir du mariage.*

LA CHANSON DE LA SIXIÈME CROISADE.

(1236.)

Signor, sachiez qui or ne s'en ira
En cele terre, où Diex fu mors et vis,
Et qui la crois d'outremer ne prendra,
A peine mais ira en paradis.
Qui a en soi pitié et remembrance
Au haut Seignor, doit querre sa vengeance
Et délivrer sa terre et son païs.

Tout li mauvais demorront par deça,
Qui n'aiment Dieu, bien, ne honor, ne pris.
Et chascuns dis : —Ma feme que fera?
Je n' la lairoie à nul fuer mes amis.
Cil sont assis en trop fole atendance;
Qu'il n'est amis, fors que cil sans doutance
Qui pour nos fut en la vraie crois mis.

Or s'en iront cil vaillant bacheler,
Qui aiment Diex et l'onour de cest mond,
Qui sagement veulent à Diex aler ;
Et li morveus, li cendreus demourront.
Avugles est, de ce ne dout' je mie,
Qui un secours ne fait Diex en sa vie,
Et pour si poc pert la gloire del mond.

Diex se laissa por nos en croix péner
Et nous dira, au jour où tuit venront :
—Vos, qui ma croix m'aidates à porter,

Vos en irez là où mes anges sont :
Là me verrez et ma mère Marie.
Et vos, par qui je n'oi onques aïe,
Descendez tuit en enfer le parfond.

Chascuns cuide demourer tot haitiés,
Et que jamais ne doive mal avoir :
Ainsi les tient ennemis et péchiez ;
Que ils n'ont sens, hordement ne pooir.
Biau sire Diex, ostez nos tel penséé,
Et nos metez en la vostre contrée
Si saintement, que vos puissons véoir !

Douce dame, roïne coronée,
Proiez pour nos, Vierge bien eurée !
Et puis après ne nos puet meschéoir.

(1) Thibault IV, comte de Champagne et roi de Navarre, auteur de cette chanson, avait été condamné à faire une croisade pour expier sa turbulence et sa trahison. Les barons de France, qui avaient fait la guerre avec et contre lui, devaient l'accompagner. Cette expédition eut lieu en 1236. Thibault, qui en était le chef, adressa ces couplets à ses compagnons d'armes et à ses vassaux. Cette guerre fut conduite avec bravoure, mais n'amena aucun résultat utile.

LES HÉRÉTIQUES AU MONT-AIMÉ.

(1239.)

S'iert avenu al mont Wimer,
Qu'un jornel i orent amer
Li faus, li mescréant bobiert,
Par le command frère Robiert.
Nuef .XX. et VI i ot ars,
Qui là vinrent de toutes parts.
Et s'i fut li rois de Navarre
Qui n'i mist deffense ne barre ;
Car il iert sire de Campagne.
D'autre gent i eut grand compagne (1).

(1) *Chronique* de Ph. Mouske, Bruxelles, tome II, page 666.—Cette montagne, célèbre dans nos légendes, a souvent vu son nom varier. Nos chroniques l'appellent le *Mont-Armé*, le *Mont-Moemer*, le *Mont de Hautefeuille*.—Nos romanciers y ont placé le château de Ganelon, le traître des épopées carlovingiennes.—Là fut pendu Rainer, convaincu d'avoir conspiré contre Charlemagne. Son père Maimer aurait donné son nom à la montagne.

LE SUPPLICE DES HÉRÉTIQUES
AU MONT-AIMÉ.
(1239.)

Diex est ensi comme le pélicans (1),
Qui fait son nit el plus haut arbre sus.
Et li mauvais oiseau, qui vient de jus,
Ses oiseillons occist, tant est puans.
Le père vient destroit et angoisseus ;
Dou bec s'occist. De son sanc dolereus
Vivre refait tantost ses oiseillons.
Diex fist autel, quand vint sa passion :
De son dous sanc racheta ses enfans
Dou deauble, qui trop estoit poissans.

Le guerredon en est mauvois et lens :
Que bien, et droit, et pitié n'a mais nus.
Ains est orguex et barat au-dessus,

---

(1) L'hérésie des Albigeois avait envahi la Champagne : on crut devoir la combattre par la terreur. Le 13 Mai 1239, cent quatre vingt-trois de ces malheureux furent brûlés sur le Mont-Aimé, près Vertus. Le clergé, la noblesse, plus de cent mille personnes assistèrent à cette cruelle exécution. Le roi de Navarre, soupçonné d'avoir été l'allié des Albigeois du Midi et le complice de leur insurrection, fut obligé d'être le témoin de ce triste spectacle. Il se vengea de la contrainte que lui imposèrent les circonstances en écrivant cette chanson satirique. Le second couplet est une allusion aux légendes galloises et bretonnes. Le combat des deux serpents annonçait la chute de la puissance anglo-saxonne.

Félonie, traïson et bobans.
Molt parest or nostre estat périlleus,
Et sé ne fust li essamples de ceus,
Qui tant aiment et noises et tençons,
(Ce est des clers, qui ont laissié sermons
Pour guerroier et pour tuer les gens),
Jamais en Dieu ne fust nus hom créans.

Nostre chief fait tous les membres doloir :
Pour c'est bien droit qu'à Dieu nous en plai-
[gnons.
Et grant coupes ra molt sur les barons,
Qui il poise, quant aucuns veult valoir.
Et entre gens en sont molt à blamer :
Quant tant sevent et mentir et guiller,
Le mal en font dessus eus revenir.
Et qui mal quiert, maus ne li doit faillir :
Qui petit mal pourchasse à son pooir,
Le grant ne puet en son cuer remanoir.

Bien devrions ens l'istoire véoir
De la bataille, qui fut des deux dragons
(Si com on trouve en livre des Bretons),
Dont il covint les chastiaus jus chéoir.
C'est cist siècle, qui il convient verser,
Si Diex ne fait la bataille finer.
Le sens Merlin en convient hors issir
Pour deviner qu'estoit à avenir.
Mais Antécriz vient, ce poez vos savoir
Aux malices qu'anemis fait movoir.

Savez, qui sont li vil oiseau pugnais,
Qui tuent Dieu et ses enfançonnés ?
Li papelart, dont le mond n'est pas nés :
Ains sont puant, ort, vil et mauvais.
Il occient toute la simple gent

(Par leur faus mos), qui sont de Dieu enfans.
Papelart font le siècle chanceler.
Par saint Pierre ! mal les fait encontrer.
Ils ont tolu joie, et solas, et pais :
S'en porteront en enfer le grant fais.

Or nous doint Diex lui servir et amer,
Et la Dame, qu'on n'i doit oublier !
Et nous voille garder à tous jours mais
Des puz oiseaux, qui ont venin ès bès !

LA CHANSON DE LA CROISADE DE TUNIS

(Fragment. — 1270.)

Dieux dist en l'Evangile : — Sé li preudoms
[séust
A queil heure li lerre soubisnel chaveir deust,
Il veillast par la criente, que dou larron eust,
Si bien qu'à son pooir de rien ne li n'eust (1).

Aussi ne savons nos quand Dieus dira : —
Veneiz !
Qui lors ert mal garnis, mult i ert mal asseneiz.
Car Dieux li sera lors com lion forceneiz.
Vos ne vos preneiz garde, qui les respits preneiz!

Li rois ne li prend pas, cui douce France est
[toute,
Qui tant paraime l'aime, que la mort n'en redoute;
Ainz va par mer requerre celle chiennaille gloute.
Jhesus-Christ, par sa grace, si gard lui et sa route!

Princes, prélats, barons, por Dieu ! prenez ci
[garde !

(1) Ce chant du départ, dont nous avons extrait seulement ce qui concerne le comte de Champagne, est du Champenois Rutebœuf. M. Jubinal l'a publié tout entier dans les œuvres de ce trouvère. Ces vers furent composés quand saint Louis entreprit la croisade d'Afrique, où il devait perdre la vie. Les princes de sa famille le suivirent, et tous n'en revinrent pas.

France est si grasse terre, n'estuet pas qu'om
[la larde.
Or la vuet cil laissier, qui la maintient et garde
Por l'amor de celui qui tout a en sa garde.

Désormais si déust li preudoms séjorneir
Et toute s'atendue à séjour atourneir.
Or vuet de douce France et partir et torneir.
Dieux li doint à Paris à joie retorneir !

Et li cuens de Poitiers (1), qui un pueple
[soustient,
Et qui en douce France si bien le sien leu tient,
Que .XV. jors vaut miex li leux par où il vient,
Il s'en va outre meir, que riens ne le détient.

Plus aime Dieu que homme, qui emprend
[teil voiage,
Qui est li souverains de tout pélérinage,
Li cors mettre à essil et meir passer à nage,
Por amor de celui qui le fist à s'ymage.

Et messires Phelippes (2), et li buens cuens
[d'Artois (3),
Et li cuens de Nevers (4), qui sont preus et
[cortois,
Refont en lor venue à Dieu biau serventois (5) :

(1) Alphonse, comte de Poitiers, frère de saint Louis.

(2) Le fils de saint Louis, depuis Philippe le Hardi.

(3) Robert II, comte d'Artois, neveu de saint Louis. Son père, Robert Ier, fut tué en Egypte, à la bataille de la Massoure, en 1250.

(4) Tristan, fils de saint Louis, mort dans cette campagne.

(5) Ce vers prouve que les princes de la maison de France étaient poètes. Rutebœuf ne prise pas un denier de Nantes le chevalier qui n'est pas compagnon du gai savoir.

Chevaliers, qui ne sait, ne prise pas un Nantois.

Li boens rois de Navarre (1), qui lait si belle
[terre ,
Que ne sais où plus belle puisse om troveir ne
[querre.
Mais hom doit tout laissier por l'amor Dieu
[conquerre.
Cils voiage est clés qui paradis desserre.

Ne prend pas garde à chose qu'il ait éu à
[faire :
S'a-il asséez éu et annui et contraire.
Mais si com Dieux trouva saint Andreu de bonne
[erre,
Treuve-il le roi Thiébaut doulz et de bonne
[affère.

Et les dui fils le roi, et lor cousins germains,
Ce est li cuens d'Artois, qui n'est mie des mains,
Revont bien ens désers laboreir de lor mains,

(1) Thibault, V^e du nom, succéda à son père Thibault le chansonnier, en 1254. Le sire de Joinville négocia son mariage avec Isabelle de France, fille de saint Louis ; ils furent unis à Melun, en 1258. Thibault eut, tant en Champagne qu'en Navarre, des difficultés politiques auxquelles le poète fait allusion, et que saint Louis parvint à mettre à fin. En partant pour la croisade de Tunis, il avait laissé à son frère Henri la régence de ses états, qu'il ne devait plus revoir. Après la mort de Louis IX, une tempête jeta sur les côtes de Sicile la flotte française. Thibault, déjà malade, mourut à Trapani, le 5 Décembre 1270, entre les bras de son beau-frère Philippe le Hardi. Son corps, rapporté en France, fut inhumé dans le couvent des Cordelières de Provins. — Il ne laissa pas d'enfants. Sa femme, qui l'avait suivi, mourut au retour, à Hyères en Provence. Elle fut inhumée à Clairvaux.

Quand par meir vont requerre Sarrazins et
[Coumains (1).

Tot soit qu'à moi bien fere soient tardiz et
[lents (2),
Si ai je de pitié por eulz le cuer dolent.
Mais ce me réconforte (qu'iroie je célant?),
Qu'en lor venue vont en paradis volant.

(1) Les Turcomans.
(2) Le trouvère tend la main en disant : Honneur aux fils des preux !

LA COMPLAINTE DE THIBAULT V,

COMTE DE CHAMPAGNE ET ROI DE NAVARRE.

(1274.)

Pitiez à compleindre m'enseigne (1)
D'un home, qui avoit seur Seine
Et sor Marne maintes maisons :
Mais à teil bien ne vint mais hons
Comme il venist, ne fust la mort,
Qui en sa venue l'a mort :
C'est li rois Thiébauz de Navarre (2).
Bien a sa mort mis en auvarre (3)
Tout son roiaume et sa comté,
Por les biens qu'on en a conté.
Quant li roi Thiébaus vint à terre,
Il fut asseiz, qui li mist guerre,
Et qui mout li livra entente,

---

(1) Cette pièce de vers, écrite par Rutebœuf, est l'oraison funèbre de Thibault V, comte de Champagne, roi de Navarre. Ce texte, emprunté par M. Jubinal au manuscrit 7633 de la Bibliothèque Nationale, et publié par lui dans son édition des *OEuvres de Rutebœuf*, tome I, page 40, a été par nous rectifié.

(2) Thibault de Champagne naquit en 1240 ; il épousa Isabelle, fille de saint Louis. Il protégea les lettres et les arts, suivit saint Louis dans sa croisade contre Tunis, et mourut en Sicile, au retour de cette expédition, en 1270. Il fut inhumé dans l'église des Cordeliers de Provins.

(3) Dans l'embarras.

Si que il n'ot oncle ne tente,
Qui le cuer n'en éust plain d'ire :
Mais je vos puis jurer et dire
Que s'il fust son sage en vie,
De li sembler éust envie
Li mieudres, qui or en droit vive ;
Que vie si nete et si vive
Ne mena n'uns, qui soit ou monde.
Large, courtois, et net, et monde,
Et boen au chons et à l'osté,
Tel le nos a la mort osté.
Ne croi que mieudres crestiens,
Ne jones hom ne anciens,
Remainsist la journée en l'ost ;
Si ne croi mie que Dieux l'ost
D'avec les sains, ainz l'i a miz,
Qu'il at toz jors esté amis
A sainte Eglise et à gens d'ordre.
Mout en fait la mors à remordre,
Qui si gentil mortel a mors.
Piéçà ne mordi plus haut mors :
Jamais n'iert jors, que ne s'en plaigne.
Navarre et Brie et Champaigne,
Troie, Provins, et li dui Bar (1),
Perdu aveiz vostre tabar (2),
C'est-à-dire vostre secours.
Bien fustes fondé en décours ;
Quant til seigneur aveiz perdu,
Bien en devez estre esperdu.

    Mors deslauz, qui riens n'entanz,
Sé le laissasses .LX. anz

(1) Bar-sur-Aube et Bar-sur-Seine.
(2) Manteau, protection.

Ancor vivre par droit aage,
Lors en préisses le paage,
Si n'en peust pas tant chaloir ;
Or estoit venuz à valoir.
N'as-tu fait grant desconvenue,
Quant tu l'as mort en sa venue ?
Mors desloiaux, mors de pute aire,
De toi blamer ne me puis taire
Quant il me sovient des bienz faiz
Que il a devant Tunes faiz (1),
Où il a mis avoir et cors !
Li premiers issus estoit fors,
Et retornoit li darreniers.
Ne prenoit pas garde au déniers,
Nauz garnisons qu'il despandoit ;
Mais saveiz à qu'il entendoit,
A viseter les bones gens.
Au mangier estoit droiz serjens :
Après mangier estoit compains,
De toutes bones teches plains,
Pers aus barons, aus povres peires,
Et aux moiens compains et frères ;
Bons en conseil et bien méurs,
Auz armes vistes et séurs,
Si qu'en tout l'art n'avoit son per.
Douz foiz le jor faisoit tramper
Por repaistre les familleuz.
Qui déist qu'il fust orguilleuz,
Et il le véist au mangier,
Il le tenist por mensongier.
Sa bataille estoit bone et fors,
Car ces semblanz et ces effors
Donoit aux autres hardiesse.
Onques home de sa jonesse

(1) Tunis.

Ne vit n'uns contenir si bel,
En guait, en estour, en cembel.
Qui l'ot en Champaigne véu,
En Tunes l'ot desconnéu :
Qu'au besoing connoit hon preudome;
Et vos saveiz, ce est la somme,
Qui en paix est en son païs,
Tenuz seroit por foux nays,
S'il s'aloit auz paroiz combatre.
Par ceste raison vuel abatre
Vilonie, s'on l'on a dite,
Que sa vaillance l'en acquite.
Quant l'aguait faisoit à son tour,
Tout aussi come en une tour
Estoit chascun asséurez,
Car touz li ost estoit murés :
Lors estoit chascuns asséur,
Car li siens gait valoit .I. mur.

Quant il estoit en retorné,
Si trovoit hon tot atorné
Tables, et blanches napes mises !
Tant avoit laians de reprises
Donées si cortoisement,
Et roi de tell contenement,
Qu'à aise sui quant le recorde;
Por ce que chascuns s'en descorde
Et que chascuns le me tesmoingne
De ceulx, qui virent la besoigne,
Que n'en truis contraire ne lui,
Que tout ce ne soit voirs de lui.

Roi Hanris, frères au bon roi (1),

(1) Henri III, comte de Champagne, succéda à son frère Thibault V, mort sans enfant. Il épousa Blanche d'Artois,

Dieux mette en vos si bon aroi
Com en roi Thiebaut vostre frère ;
Jà fuste-vos de si boen père !
Que vos iroie délaiant,
Ne mes paroles porloignant ?
A Dieu et au siècle plaisoit
Quantque li rois Thiebauz faisoit :
Fontaine estoit de cortoisie ;
Toz biens iert sanz vilonie,
Si com j'ai oï et apris
De maitre Jéhan de Paris (1),
Qui l'amoit de si bone amour,
Com preudoms puet amer seignor.
Voz ai la matière descrite
Qu'en troiz jors ne seroit pas dite.
Messire Erars de Valeri (2),
A cui onques ne s'aféri
N'uns chevaliers de loiautei,
Diex, par vos, si l'avoit fait teil
Qui mieudres n'i est demorez
Et au loing fust tant honorez.
Prions au Père glorieuz,
Et à son chier Fil précieuz,
Et le Saint Esperit ensemble,
En cui toute bontez s'assemble,

nièce de saint Louis, et mourut jeune, en 1274. Son cœur fut déposé à Provins. Sa fille unique, Jeanne, donna la Champagne à la maison de France, en épousant Philippe le Bel en 1284.

(1) Professeur de théologie à la Faculté de Paris.

(2) Erard de Valery, connétable de Champagne, vivait encore en 1277. Il fut ami de saint Louis, des comtes Thibault et Henri, et prit, à la tête des hommes d'armes de Champagne, une part glorieuse à toutes les guerres du temps.

Et la douce Vierge pucele,
Qui de Dieu fu mère et ancele,
Qu'avec les sainz martirs li face
En paradix et leu et place.

PROJET DE CROISADE EN CHAMPAGNE.
(1310.)

Te souviens l'an M. trois cens et dis (1),
Qu'en France, en Brie et en Champaigne,
En Picardie et en Alemaigne,
Pour ce qu'elle ot tant la foi chier (2),
Fit on des crois preschier
Pour aler sus les Sarradins ?
Ja ne m'aïst ne pains ne vins,
Si grant et petit n'i aloient.
Tuit la dévocion avoient
De vanchier la mort Jhésucrit.
Tant a, uns chascuns la croiz prist,
Que autres gens ne veoit hon,
Et encor leur sarmonoit hon
Qu'ainz .II. ans passer i pourroient,
Que les nefs faites i seroient.
Raison qui à se les semont,
De l'aler s'esjouissoit mont.
Mais j'ai très tout fait demorer
Maugrez raison et son crier.
Sé je puis, on n'ira jamais (3).

(1) *Roman du Renard contrefait*. — Le Clerc, de Troyes.
— C'est le Renard, c'est-à-dire la Fourberie qui parle.
(2) La Raison.
(3) Le début du siècle se passa en projets de croisade sans résultats : les chevaliers de Champagne allaient bientôt trouver dans la guerre de cent ans, que nous fit l'Angleterre, de trop nombreuses occasions d'exercer leur valeur.

DESTRUCTION DE L'ORDRE DU TEMPLE.

(1314.)

Dit Renard : —Certes non ferai :
Ja en ma vié né l'amerai (la Raison);
Car si ge croire la vouloie,
Toute ma vie guerpiroie.
La orde vieille députaire,
Que nulle fois ne se peut taire,
Qu'à nulle rien je ne puis tendre,
Toujours ne me vueille reprendre.
Toutes oures ma gent diffame :
Par li aquiers mainte diffame.
Que je ne puis dire ne faire
Que tous jours ne me soit contraire.
S'elle ne fust, bien l'ose dire,
De trestuit le mond fusse sire.
El me court sus bien et tost,
Et quant qu'el peut, elle me tolt.
Si fais ge li certainement
Tant por d'arrier com par devant.

Elle les Templiers amatit,
Et tous par li les abatit,
Qui tant de richesses avoient
Et si bien tout mon art savoient,
Que tout l'avoient, tant l'avoient quis.
S'encor cent ans vescu éussent,
Trestoutes seignories éussent.
Mès pour ce qu'elle les haït,

Jusqu'à cheoir les envahit.
Mi ami estoient; si m'en poise !

Encor me doute qu'elle ne voise
Ospitaliers enhaïssant
Qu'el les va ja envahissant,
Que por li ne veulent rien faire
Et sont dou tout si adversaire.
Voulentiers dire leur féisse,
Car ge doute qu'el nes envahisse.
Ils s'entrevont ja gourdoiant :
Chascuns en peut estre voyant.
Las ! moi défamez en seroie,
Car un de mes membres perdroie
Des plus grans après les Gentis.
La suis je le plus ententis (1).

(1) *Roman du Renard contrefait,* par LeClerc, de Troyes, XIVe siècle.—C'est le Renard, c'est-à-dire la Fourberie qui parle.—Cette appréciation, faite par un Champenois contemporain, de la destruction de l'ordre des Templiers fondé à Troyes, n'est pas sans intérêt.—Ces moines guerriers possédaient de grands biens en Champagne. Les Hospitaliers leur succédèrent en influence, mais furent plus heureux.

LES MORTS DE CRÉCY.

(1346.)

Mors, ki est de tous prendre engrande,
Fist moult piteuse prise et grande
En Raoul, ki marchis et dus
Etoit, et a tous biens rendus,
Preus, fors, gentieux et plains d'honneur,
Et en luy ot large donneur.

A Kréci bien se deffendit ;
Toutes les batailles fendit.
S'il mourut, n'en soit reprochiés.
Trouvés fu li plus approchiés
Des Anglès.—Or gist ci li cors :
Dieu li soit vrai miséricors (1) !

(1) Epitaphe de Raoul, duc de Lorraine, tué à Crécy, inhumé dans l'abbaye de Beaupré.—Il avait épousé, en 1334, Marie de Châtillon (sur Marne), demoiselle de Blois, fille de Guy de Châtillon (sur Marne) et de Marguerite de France, sœur de Philippe de Valois. — Les Champenois n'eurent garde de manquer à cette désastreuse journée. Les archevêques de Reims et de Sens y conduisirent eux-mêmes leurs hommes : ce dernier fut tué dans la mêlée.—Louis II. de Châtillon (sur Marne), comte de Blois ; un Courtenay, comte d'Auxerre; Louis de Champagne, comte de Sancerre, descendant de Thibault le Grand, comte de Champagne, furent trouvés parmi les morts. Guillaume de Machault, un de nos poètes, vit périr son maitre le roi de Bohême, Jean de Luxembourg.— Guillaume de La Ferre, porte-escu de l'archevêque de Reims Jean de Vienne, y fut tué; son corps, rapporté à Reims, fut inhumé aux Carmes. Jean La-

LE CANTIQUE
DE LA
SECTE DES FLAGELLANTS EN CHAMPAGNE.
(1348-1349.)

Ave, Regina pure et gente,
Très-haute, *ave, maris stella!*
Ave, précieuse jovante,
Lune où Dieu s'esconsa.

Ave, saincte glorieuse ente,
Ave, tu plena gratia;
Faictes finir, rose excellente,
Le mortuaire, qui ores va.

O créeresse de créature,
Qui oncques ne fustes créé,
Défendez-nous de grief morsure,
Sire Dieux, et vous asrenez.

Héé! doulce royaulx Vierge et pure,
Priez que pour nous soit pitez.
Au peuple laissiez l'euvre obscure
De pechié, si vous amendez.

---

barbe, riche bourgeois de Reims, à la tête de quelques cavaliers à sa solde, périt glorieusement sous les coups des Anglais. Jean de Vienne, le sire de Thuisy, son sénéchal, et quelques hommes dévoués, escortèrent le roi après la perte de la bataille.

Nous te prions, Vierge louée,
En ceste pénance faisant
Pour toute créature née,
Et requiers ton père et enfant.

Que cest mortuaire soit destournée
Et Saint Esperit voist regnant;
Et nos cuers par humble pensée,
Car d'ayde avons mestier grant.

Se ne fust la Vierge Marie,
Le siècle fust piéçà perdus.
Batons nos chars plaines d'envie,
Batons d'orgueil plus et plus.

Pour paresse et pour gloutonnie
Et pour ire qui het vertus;
Pour avarice et lécherie,
Et pour tous pechiéz décéus.

En démonstrant signifiance
Que tous nous convendra morir;
Et en terre en très grant vitance
No pécheresse char pourrir.

Enfin, de nostre pénitance
Nous fault à genoux revenir.
Tous mourrons, c'est la remembrance
Qui nous fait tierce fois chéir.

Jhésu, ainsi comme devant,
Relevons nous la tierce fois,
Et loons Dieu à nulz genoulx :
Jointes mains tenons l'escourgie.

Crémons Dieu; aions les cuers doulx,

Et chantons à la départie :
Grace à Dieu ! car elle est en nous.
Prions pour l'humaine lignie,
Baisons la terre, levons-nous (1).

---

(1) La secte des flagellants envahit la France après la peste de 1349. Elle venait d'Allemagne, traversa l'Alsace et s'arrêta vers Troyes et Reims en Champagne. Elle expiait par des flagellations les faiblesses humaines.—Voyez *Histoire des flagellants,* traduite du latin par l'abbé BOILEAU, Paris, 1752, page 252.—*Chronique de Saint-Denis*, Paulin PARIS, tome V, page 492.

LE DIT DU SIÉGE DE REIMS.

(1348-1349.)

Un po après, o sa puissance,
Passa et vint le roy anglès
A tout grosse gent à Calès,
Par Artois et par Vermandois.
Devant Reins vint seoir ou mois,
L'an XLIX, de novembre.
A Saint Baale, bien m'en remembre,
A quatre lieues de Reins loga
Et XL jours l'assiéga.
Le prince de Galles, ses filz,
Alors son lieu et siége pris
A Villedemange, du mains
Et deux lieues jusques à Rains.
Richemont et Norhantonne,
Deux comtes, chascun en personne,
Se logièrent à Saint Thierry;
Et le duc de Lancastre aussi
Près de Reins loga à Brimont.
Le mareschal et Beauchamp adonc
A Bethegny prindrent leur place :
Une seule lieue d'espace
Avoit jusques à Reins et non plus.
Ainsi fust le siége conclus,
Qui dura par XL. jours.
Assaut n'y ot, ne fraintes tours.
Fors tant que po entrer n'issir
Povoit à Reims sans mentir,

Pour les Anglois, qui chevauchoient
Chascun jour, et si occupoient
De près la ville et sans cesser,
Qu'om n'y povoit yssir n'entrer
A grant paine à piet n'à cheval.
Par assault n'ot onque Reins mal
En ce temps : bien se sceut aidier,
Et l'onzime jour de Janvier,
Les XL jours dessus diz
Du siége fais et accompliz,
Desloga environ minuit
Li roy et li autres trestuit.
A Reins monstrèrent les talons,
Et s'en vont par devers Chaalons,
Sans assault faire, et à Poingny
Passèrent Marne, et à Mery
Sayne et Aube; tirant s'en vont
Par Brinon et par Rougemont (1).

(1) E. Deschamps, *Miroir du mariage.*—V. *Siége de Reims*, J. Hubert, Sedan, 1846. — C'est la sainte ampoule et le titre de roi sacré que convoitait le roi d'Angleterre. — Les Anglais n'osèrent pas donner l'assaut à la ville, tant les Rémois firent bonne contenance : ils montrèrent leur fidélité par de larges sacrifices, et leur bravoure dans plusieurs combats livrés sous les murs de la ville : aussi le dauphin leur écrivit : « Si véons bien la bonne et grande affection que vous avez à bien garder notre bonne ville ; par quoi nous apercevons clèrement la grande loyauté de vous et très bonne et vraye amour que vous avez à mon seigneur (le roi), et à nous et à la couronne de France, dont nous vous savons tout bon gré, et tout de cœur vous en remercions.... et certes en lieu et temps nous le reconnaîtrons vers vous tellement que tous les autres y venront prendre bon exemple. » — L'énergie des Rémois sauva la nationalité française en défendant la légitimité.

LA RÉVOLTE DE MEAUX.
(1358.)

Folie, qui ton conseil croit et tient
Souventes fois l'en mesavient.
Mal en advint à ceulx de Meaulx,
De Paris, de Silly et ciaulx
Qui voudrent prandre la duchesse
De Normandie en la fortresse
Du marché de Meaulx, et faillirent.
Fois et Hangest déhors saillirent
Et bien vingt cinq hommes armé
Contre six mille, qui larmé
En ont puis; car ils furent pris,
Les plusieurs mors et desconfis.
Les aultres tournèrent en fuie.
Grant mestier eurent de la pluie;
Car le feu fut partout gecté.
Quinze jours ardit la cité,
Où le feux fut de toutes pars.
Là fut le chastiaux du roy ars,
Qui sur Marne sist en la ville.
Chascuns, qui peut, prant la pille
Pour la folour des habitans,
Qui furent illec réceptans;
Et ardirent ceuls de Silly,
Qui ont à leur poindre failly,
Et ceuls de Paris ensément,
Qui s'en fuirent laidement.
Ceuls du marché n'y firent mal

Au cloistre, ne la cathédral
Eglize, et ycelle espargnèrent,
Et le marché fortifièrent
Et tindrent en obéissance (1).

(1) *Miroir du mariage*, par Eustache DESCHAMPS, rubrique 91. Manuscrit de la Bibliothèque de la rue Richelieu.— Pendant la guerre de la Jacquerie, Jeanne de Bourbon, femme de Charles V, alors dauphin et duc de Normandie, le duc et la duchesse d'Orléans et les dames de la cour avaient cherché un asile dans le château royal de Meaux.— Jean IV, sire de Hangest, brave chevalier fidèle à la mauvaise fortune de nos rois ; Gaston-Phébus, comte de Foix, mari d'Agnès de Navarre-Champagne, dont nous avons publié les œuvres, auteur lui-même d'un célèbre ouvrage de vénerie, mort en 1390, étaient venus les protéger. Néanmoins, les Jacques de la Brie et du Valois, après s'être réunis d'abord à Silly, avec quelques Parisiens, et puis dans Meaux, avec les gens de la ville, attaquèrent le château; mais les défenseurs du château les taillèrent en pièces et mirent le feu à la ville. Le sire de Coucy anéantit tous ceux qui parvinrent à s'échapper. Cette sanglante journée fut le dernier combat soutenu par la Jacquerie.—Voyez les œuvres d'Eustache Deschamps publiées tant par M. Crapelet que par nous, pour les chansons historiques du XIVe siècle.

LA CHANSON DE L'ÉPIDÉMIE.
(1348-1373.)

Qui veult son corps en santé maintenir
Et résister à mort d'épidémie,
Il doit courroux et tristesse fuir,
Laissier le lieu où est la maladie
Et fréquenter joïeuse compaignie,
Boire bon vin, nette viande user,
Porte bonne odour contre la punaisie
Et ne voist hors, s'il ne fait bel et cler.

Jeun estomach ne se doit point partir,
Boire matin et mener sobre vie;
Face cler feu en sa chambre tenir;
De femme avoir ne li souviengne mie.
Bains, estuves à son povoir dénie;
Car les humeurs font mouvoir et troubler.
Soit bien vestus; ait tous dis chière lie
Et ne voist hors, s'il ne fait bel et cler.

De grosses chars et de choulx s'abstenir,
Et de tous fruiz se doit on en partie;
Cler vin avoir, sa poulaille rotir,
Connins, perdrix, et pour espicerie
Canelle avoir, safran, gengembre et prie,
Tout d'aigrevin et vergus destremper,
Dormir au main. Ce régime n'oublie,
Et ne voist hors, s'il ne fait bel et cler (1).

(1) Eustache Deschamps.—Crapelet, page 116.—Pendant le XIVe siècle, plusieurs épidémies sévirent en France, et notamment en Champagne et en Brie : celles de 1348 et de 1373 surtout dépeuplèrent notre province.—Voyez G. de Machault.

MISÈRE DE LA CHAMPAGNE

APRÈS LA BATAILLE DE POITIERS.

JACQUERIE. (1356-1360.)

En ce temps là moult de maulx
Furent fais et moult de travaulx,
Maint dureté et maint grévance
Au povre royaume de France,
Qui par la faulte de son chief
Encourut trop grant meschief.
Car toutes nascions estranges
Et voisines, hostels et granges
Pilloient et boutoient fu.
Et chascuns ennemis leur fu.
Villes et chasteaux furent pris,
Et le royaume fut sourpris
De toutes parts des ennemis.
On ne sçavoit qui iert amis.
Moult y ot lors de garnisons,
De chasteaux et de traïsons.
Marne, Sayne, Oise et Yonne,
Loyre, le Chier et la Dourdonne
Estoient prinses par les pas.
Puis se trovèrent trois estas,
Qui firent grant division
Au peuple et grant commotion
Des menuz encontre noblesse.
En Beauvoisin estoit la presse
De tuer femmes et enfans

De nobles (tels estoit le temps),
Et de leurs maisons démolir,
Ardre, desrober et tolir.
En Valoys fut, en Picardie,
En Champaigne tel Jaquerie.
A Maulx, à Paris, autre part
Maint en furent pendus à hart,
Et maint orent coppées les testes ;
Maint gisoient aux champs com bestes.
Car les nobles se mirent sus
Qui en vindrent à leur dessus
Et desconfirent au derrien
Le peuple de povre merrien (1).

(1) Eustache Deschamps, le *Miroir du mariage*, — Ce tableau n'est que trop fidèle : c'est l'œuvre d'un témoin oculaire ; rien n'y faut.

LES CHEVALIERS DE L'ARBALÈTE A REIMS.

FORMULE DE LA RÉCEPTION DES CHEVALIERS.

(1360-1460.)

LE CONNESTABLE DE LA CHEVALERIE.

Amy, que vas-tu quérant?
Que le très bien venu soye!

LE CHEVALIER ASPIRANT.

Honneur et prix acquérant,
Si j'y puis trouver la voye.

LE CONNESTABLE.

Tu l'auras ; mais que tu soye
Toujours loyal et hardy,
Et que de rien tu ne croye
Médisans, je te le dis.

LE CHEVALIER ASPIRANT.

Sire, je vous pri par amours
Que maintenant je puisse estre
De votre main, devant tous,
Chevalier de l'arbalestre.

LE CONNESTABLE.

Volontiers.

LE CHEVALIER ASPIRANT.

   Grand mercy, maistre.
Dieu doint qu'après vos jours finis,
Soyez colloqué à sa dextre,
En son glorieux paradis.

LE CONNESTABLE.

Il faut que faire te fasse
Tous les vœux que faire dois.

LE CHEVALIER ASPIRANT.

Quels sont-ils ?

LE CONNESTABLE.

    Qu'en cette place
Jures la croix et la noix
Que le jeu doux et courtois
Maintiendras par bonnes mœurs,
Maintenant comme autrefois
Ont fait nos prédécesseurs.
Viens, jure loyallement
Que la couronne de France
Serviras entièrement
De ta force et ta puissance.
Ton corps mettras en défence
A Reims, contre ses ennemis
Desquels tu auras connoissance.

LE CHEVALIER ASPIRANT.

Je promets que de ma puissance,
Feray le contenu de vos dicts.

LE CONNESTABLE.

En après aussy, sé tu vois

Aucun des frères mesprendre
Contre le jeu, tu le dois,
Si tu ne veux trop fort mesprendre,
Au gouverneur le faire entendre,
Afin qu'il en soit pugni.
Veux tu cecy entreprendre?

LE CHEVALIER ASPIRANT.

En bonne foy, sire, ouy.

LE CONNESTABLE.

Pareillement, sé tu mesprends
Contre le jeu, ou tes frères,
Dès maintenant tu consens
Qu'en toutes bonnes manières
Soye pugni par les frères
Qui en ont le gouvernement?
Les causes cy sont toutes clières,
Le veux-tu?

LE CHEVALIER ASPIRANT.

Oui, certainement.

LE CONNESTABLE.

Et encore fais tu le vœu
Que, si tu voyois discorde
Entre les frères du jeu,
D'y mettre paix et concorde?
Chacun frère ici l'accorde
Avant qu'il soit retenu.
Ce point cy souvent recorde!

LE CHEVALIER ASPIRANT.

Pour ce suis je icy venu.

LE CONNESTABLE.

Un autre vœu jureras
Pour entrer en la frairie,
Que jusqu'à un blanc feras
Dépense par compaignie,
A ceux d'étrange partie
Qui voudront au jeu jouer.

LE CHEVALIER ASPIRANT.

Icy n'a pas de vilennie :
Je suis prêt à le vouer.

LE CONNESTABLE.

Puisque tu requiers le veu,
Jurer par bonne pensée
Il te convient, sé tu veux,
Que si une messe est chantée
Ou plusieurs durant l'année,
Pour les frères trépassés,
Que ta part y soit donnée.

LE CHEVALIER ASPIRANT.

Je le veuil, sire : est-ce assez ?

LE CONNESTABLE.

L'autre veu ne laisse pas,
Met le bien en ta mémoire,
Que si de vie à trépas
Te menoit le roy de gloire,
L'arbalestre et fust d'ivoyre,
Dont tu fais l'esbattement,
Est notre. Ainsy le dois croire.

LE CHEVALIER ASPIRANT.

Et je le veuil par mon serment.

LE CONNESTABLE.

Seigneurs, frères et compaignons,
Chacun de nous face feste :
Un frère nouvel avons
De nostre jeu tant honneste.
Des pieds jusques à la teste
Allons nous bouter en mue,
Et là lavons nostre teste
De vin, pour sa bienvenue (1).

(1) La compagnie des arbalétriers de Reims fut établie vers la fin du XIV⁰ siècle. La corporation s'éteignit en 1702. Formée pour lutter contre l'Anglais, elle devint inutile quand la France eut de grandes armées.—Voyez *le Noble et gentil Jeu de l'arbalète de Reims.*—Société des Bibliophiles de Reims, 1841.

LE DIT DE
L'ÉGLISE SAINT-PIERRE DE PROVINS.
(1369.)

A tous et toutes, qui vraye amour
Ont a Dieu notre creatour
La journée soit signifiée,
Que cette église fut dédiée
En l'honneur saint Piere le baron
Et de saint Paul, son compagnon,
Par un prélat bien renommé,
Guillaume de Melun nommé,
Qui, y a pas vingt et quatre ans,
Archevesque étoit de Sens,
Le dimanche avant l'Assomption,
En solemnelle procession,
D'Aoust le douxiesme jour,
En l'incarnation de Notre Seignour
Mil trois cents soixante et nüef.
Grand peuple y estoit vieil et nuef.
Leur donna par dévotion
Quarante jours de vray pardon
A ceux qui la visiteront
Et de bon cuer bien y seront.
Or proions tuit au roy de gloire
Qu'il doint en faire telle mémoire
Qu'à luy soit agréable et belle,
Et que partout en soit nouvelle,
Et gard tous les parochiens

De tormens et de maulx liens,
Et toutes autres créatures,
Qui à tout bien mestent leurs cures.
   Amen (1).

(1) Collection de M. Michelin. — Le 12 Août 1369, Guillaume de Melun, archevêque de Sens, vint à Provins faire la dédicace de l'église Saint-Pierre : les vers qui consacrèrent le souvenir de cette cérémonie furent gravés sur un pilier placé à l'entrée de la porte septentrionale, au-dessus du bénitier.

LA BALLADE

DU CHATEAU DE BEAUTÉ-SUR-MARNE.

(1370.)

Sur tous les lieux plaisans et agréables
Que l'on pourroit en ce monde trouver,
Edifiez de manoirs convenables,
Gais et jolis pour vivre et demourer
Joieusement, puis devant tous prouver
    Que c'est à la fin du bois
De Vincennes, que fist faire li roys
Charles, qui Dieux doint paix, joie et santé :
Son fils ainsné, daulphin de Viennois,
Donna le nom à ce lieu de Beauté.

Et c'est bien drois, car moult est délet-
                             [tables :
L'on y oit bien le rossignol chanter ;
Marne l'enceint ; les haultz bois profitables
Du noble parc puet l'on veoir branler,
Courre les dains, et les conins aller
    En pasture maintes fois,
Des oyselets oïr les douces voix.
En la saison et au prim temps d'esté,
Au gentil mai, qui est si noble mois,
Donna le nom à ce lieu de Beauté.

Les prez sont près, les jardins dédaisables,
Les beaus preaulx, fontenils bel et cler,

Vignes aussy, et les terres arables,
Moulins tournans, beaux plains à regarder,
Et beaus souvoirs, pour les poissons garder,
    Galotas grans et adrois,
Et belle tour qui garde les destrois,
Où l'on se puet retraire à sauveté :
Pour tous ces poins, le doulz prince courtois
Donna le nom à ce lieu de Beauté (1).

(1) Le château de Beauté-sur-Marne fut bâti par Charles V : il y mourut en 1380. — D'après cette ballade, ce serait Charles VI, encore dauphin, qui aurait donné à ce domaine le nom qui l'a rendu célèbre; mais, en France, les galants souvenirs vivent plus longtemps que d'autres, et la résidence du glorieux roi Charles le Sage serait peut-être bien oubliée, si, cinquante ans après sa mort, elle n'avait été celle d'Agnès Sorel, dame de Beauté.

RAVAGES DES ROUTIERS EN CHAMPAGNE.

VIRELAI. — (1375.)

Les Bretons ont fait compaingne
Pour aler en Alemeingne
O le seigneur de Coucy.
Mais puis se sont averty
Qu'il fait plus doulx en Champaigne.
Les trièves nous ont honny :
Car chacun s'est départy
Pour le traictié de Bretaigne.
Loire s'en est bien senty
Et Aucerrois autre cy ;
N'est pays qui ne s'en plaingne.
Il n'est mauvais qui remaigne,
Qui ne pille et qui ne preingne.
Le bien commun est ravy ;
Défendre ses biens ne ly,
N'ose nulz, Dieu en conviengne.
    Les Bretons ont, etc.

Sages sont notre ennemy,
Qu'eulz estans en dur party
Ont trièves, quoy qu'il aviengne,
Et vivent en noms d'amy,
Dont plusieurs seront péry
A descouvrir leur enseigne.
Hélas ! tout le cuer me seigne ;
Je ne say qui leur ensaigne
A eulz gouverner ainsi :

Se Dieu n'a de nous mercy,
Nous devendrons aulx d'Espaigne.
　　Les Bretons ont, etc.

Onques tel chose ne vy ;
Car il ont à Saint-Thierry
Faicte la foire brehaingne,
Qui est de Saint-Vertremy.
Maint marchant ont amaty
Et robé sa propre gaigne,
Mercerie, draps de layne,
Chevaulx, c'est chose certaine.
Fiertre, bras et crucefy
De l'église ont sans deffy,
Appliqué à leur demayne.
　　Les Bretons ont, etc.

(1) Eustache DESCHAMPS, 1375. — Il y eut trève entre la France et l'Angleterre. Le duc de Bretagne, allié des Anglais, licencia ses troupes. A la requête de Charles V, le sire de Coucy, Enguerrand VII, emmena les routiers du côté du Rhin, pour faire valoir ses droits sur l'Alsace. Forcés de rentrer en France, ils ravagèrent la Champagne, pillèrent l'abbaye de Saint-Thierry près Reims, et lui enlevèrent ses ornements d'église et son trésor. — V. une autre chanson sur le même sujet dans notre édition de Deschamps.

LE DIT DE L'INCENDIE

DES ÉGLISES DE NOTRE-DAME ET DE SAINT-JACQUES DE PROVINS.

En l'an mil trois cent soixante et dix sept,
Le lundy jour d'Avril appellé vingt-sept,
Une heure devant menuit, advint merveilleux
[fait
De tonnoire et d'éclairs, que vent d'Aquilon
[fait,
Au chastel de Provins, en deux églises nobles.
Chacun cuida morir, tant clercs, lais comme
[nobles.
Premier frapa la foudre ès clochers tout amout
Et à une seule heure, dont l'en s'esbayit moult.
Puis vint icelle fondre ardent d'amont à val.
Sens point espargner plon, ardoyse ne métail.

Tout ardy ou cassa tuiles, lattes et boys,
Aussy légièrement comme feu ardroit boys.
Ou clocher de Saint Jacques cinq cloches per-
[dit on :
Couvert étoit d'escaille ; nobles étoit et bon.
Autour du dit clocher étoient clochers huit :
Chacun portoit d'arain un pennon par deduyt,
Ou clocher Notre-Dame quatre cloches avoit :
Covert étoit de plon : nul plus bel ne savoit.
Autour du dit clocher furent quatre clochers :
Chacun, qui les voyoit, les tenoit biaux et chers.

Maintes gens travaillèrent résister au péril ,
Mais il n'y survint home, tant fu fort et soustil,
Par qui fut le péril arreté ne éteint,
Jusques le mardy prime. Lors loèrent Dieu maint,
En disant : — Très doux Dieu, puissant, miséri-
[cors,
Secorés votre peuple et l'amme et au corps.
Très souffrants etes vous, qui souffrés tels
[orages
En tels nobles églises faire si grans outrages.
O Jésus, très puissant, piteux, souverain roy ,
Deffendés nous d'orage et de tout mal desroy.

(1) Collection de M. MICHELIN. — Le 27 Avril 1377, un orage détruisit la toiture et les clochers des églises de Notre-Dame et de Saint-Jacques de Provins. C'est dans cette dernière qu'étaient conservés dans une riche châsse le cœur et les entrailles de saint Edme, archevêque de Cantorbéry. Elle appartenait à l'ordre des chanoines réguliers de Saint-Augustin de la congrégation de France. — Les vers qui précèdent sont extraits du cartulaire de l'abbaye.

LA BALLADE DU SACRE DE CHARLES VI.
(1380.)

LE ROYAUME DE FRANCE AU ROY.

Je, qui à toy suis par succession
Et commencez par divine ordenance,
De ferme foy de généracion,
Noble et puissant, accreu par vaillance,
Tenus de Dieu et non d'autre puissance,
N'aray ja fin, tele est ma destinée,
Sé l'Eglise as et Dieu en révérence,
Justice en toy, et que bien soit gardée.

Car Dieu de ce fist déclaracion
Au roy Clovis, quand il prist sa créance
Par saint Remi, qui la sainte unction
Venant du ciel ou saint baptesme avance.
De ce sacre, sont tous les roys de France
Oints et sacrés, et non autre lignée :
Souviengne t'en ; aies sans défaillance
Justice en toy, et que bien soit gardée.

Tes regnes sui : autre ont finicion
Et temps préfix. Je t'ai dit ta sentence.
Assyrie fina sa région ;
Rome a perdu du mond l'obéissance.
Tu as duré et durras sans doubtance,
Tant com raisons sera de toy amée.
Autrement non : fay donc à la balance
Justice en toy, et que bien soit gardée.

(1) Eustache DESCHAMPS. — Crapelet, p. 47. — Ces vers, dictés par un dévouement franc et ferme, décoraient peut-être un des monuments que visita la cavalcade du sacre.

LA CHANSON DU SACRE DE CHARLES VI.

(1380.)

O Gallican, petit règne adoptif
Par miracles du Roy suppellatif!
Clodovéus prinst la crestienté,
Par Clotilde, qui l'ot admonesté :
De saint Remy fut baptisé à Reins.
Le saint sacre tramist Dieu en ses mains,
Dont tous les rois sont oins et baptisés :
Et ce fonda sur quatre estaux du moins :
Entre vous, rois, à ces poins advisez.

De tous quatre soiez memoratif.
Le premier est : Dieu soit de vous doubté :
Ses ministres vous ayent substantif ;
Honourez les et Dieu par charité.
Le tiers estaux justice et vérité :
Gardez tousjours ; c'est vos siéges certains.
Le bien commun est le quart.—Les Romains,
Pour ce laissier, furent tout divisez,
Mors, subjugués, et leur empire estains :
Entre vous, rois, à ces poins advisez (1).

(1) Eustache DESCHAMPS, tome I, page 104. —Ces vers furent faits à l'occasion du sacre de Charles VI.

LA COMPLAINTE DE LA RUINE DE VERTUS PAR LES ANGLAIS.

(1380).

Se vous voulez veoir grant povreté,
Pays destruit et ville déserté,
Murs ruineux où l'escu a esté,
Povre logis et gent desconfortée,
Droit à Vertus est la chose esprouvée :
Vous y aurez povres lis et ors draps
Et pour chevaulx dolereuse livrée :
Pour ce, te pri, gardes bien où tu vas.

Les murs chéent : c'est trestout tempeste;
Mauvais y fait : c'est périlleuse alée,
Les Anglès ont partout le feu bouté :
A poines yert de nul temps relevée.
Et sont en eulz aucune male goulée
D'autruy parler et de faire débas,
Dont la ville de pluseurs moins amée :
Pour ce, te pri, gardes bien où tu vas.

Le terroir yert désormais déserté ;
On ne tendra compte de la vinée ;
Car il sera mal fait et labouré,
Et yra partout la renommée.
L'on paiera mal ceste première année :
Telz parloit hault, don sera parler bas :
Ainsi sera la ville annihilée :
Pour ce, te pri, gardes bien où tu vas (1).

(1) En 1380, Buckingam et les Anglais arrivèrent en Champagne par la Flandre. Ils n'osèrent attaquer Reims. Ils se replièrent sur la Marne, et un combat sanglant eut lieu

LA COMPLAINTE DE MILES DE DORMANS.

(1387.)

Se mort ne fust a tous si générale,
Et qu'om peust rachater vie humaine
Par faire deuil, par plourer, par intervale
D'argent quérir, par travail où l'en painne,
Soufrir dou corps, le païs de Champaigne
Plourer devroit et crier tousjours mais,
Pour recouvrer vie, mort et l'enseigne
Du noble Mille, évesque de Beauvais.

Qui à son temps a tenu belle salle ;
Chancelier fut de la cour souverainne,
Bons clers et grans, sans manie male,
Doulz et courtois, sans penser villaine.
A Rosebeth fut armé sur la plaine
Contre Flamans, où li conflit fut fais :
Chascuns ressoubs fut de coupe et de paine
Du noble Mille, évesque de Beauvais,

Avec le roy, qui leur orgueil ravale,
Bien ce prélat per de France en demaine
Devant Bombourc et au Dam ; en Itale

près de Vertus. Cette ville, malgré les efforts des Champenois, fut enlevée d'assaut et saccagée, le château détruit et le pays dévasté. En 1388, Charles VI, partant pour la guerre de Gueldre, vint à Vertus. Cette ballade d'Eustache Deschamps a dû être présentée au roi à cette occasion.—V. le recueil de ses œuvres.

Nobles gens ot toudis en sa compaigne,
Chiens et oyseaulx ; larges com Charlemaigne,
En tout estat fut puissant et parfais :
Tant qu'on parloit bien loing en Alemaigne
Du noble Mille, évesque de Beauvais.

L'ENVOY.

Princes, pour plour, ne pour rien qui
[aveingne,
Ce bon Dormans ne reverrons jamais :
Pour ce à tout de prier leur souviengne
Du noble Mille, évesque de Beauvais (1).

(1) Miles, seigneur de Dormans en Champagne, évêque de Beauvais, était fils de Guillaume de Dormans, chancelier de France : il mourut en 1387. Ce patriote prélat passa sa vie à lutter contre les Anglais.—Eustache Deschamps, auteur de cette ballade, ne pouvait l'oublier. Faisons comme lui, et gardons la mémoire de l'homme qui, de village en village, allait prêcher la guerre contre l'étranger.

LE CANTIQUE DE NOTRE-DAME-DE-L'ÉPINE.

(1400.)

Vierge auguste, à ton nom, dans une âme
[troublée
Souvent renaît la foi, l'espérance et l'amour ;
L'orphelin te bénit, la veuve désolée
T'implore en soupirant près du noir mausolée,
    Quand vient la nuit, quand naît le jour.

Parmi les verts buissons, sous l'épine sauvage,
Ton image est propice au pieux pèlerin :
Blanche étoile des mers, lorsque gronde l'orage,
Le navire perdu sur des flots sans rivage
    Te redemande un ciel serein (1).

(1) Marne.— Ces vers sont de M. L.-F. Guerin. 1840. Le 24 Mars 1400, deux bergers, l'un de Courtisols, l'autre du hameau de Sainte-Marie, aujourd'hui le village de l'Épine, virent, au soir, une lumière briller au milieu d'un buisson. Ils y trouvèrent une statue de la Vierge. On déposa cette merveilleuse image dans une petite chapelle dédiée à saint Jean-Baptiste, sise près de là. Un peu plus tard, en 1409, un architecte anglais, nommé Patrick, commença la charmante église de Notre-Dame-de-l'Épine, que vous connaissez tous. Achevée en 1450, type élégant de l'architecture d'outre Manche, ce monument de l'invasion est une pauvre compensation des misères causées en Champagne par l'occupation anglaise.

BALLADE DE LA GUERRE A L'ANGLAIS.

(1400-1420.)

Quarante ans a chanté de requiem
Nostre curé, sans faire porter paix ;
Tant qu'il ne scet d'autre service rien,
Ne d'autre saint ne chantera jamais.
On l'en a bien reprins plusieurs fois ; mais
Respondu a qu'il ensuivra son erre :
De requiem chantera désormais.
Sans paix avoir, aurons guerre ! guerre !

Blamé l'en ont tuit si prochain :
Pour ce sont assemblé clers et lays,
Qui n'y ont peu trouver propre moien.
Et dont il est ? — Il est d'oultre Calais.
Mais pour chanter lui est uns autelz fais,
Gravelingues, dont tous li cuer lui serre ;
Et quant il la voit, il crie à grans eslair :
Sans paix avoir, aurons guerre ! guerre !

De cet autel ne lui rendra nul bien,
Ne d'Ardre aussi qui est un conté gais :
A Dunquerque peut bien perdre du sien ;
A Boulongne pourra faire son lais.
Ces III lais lui feront tant d'agais
Que sanz péril ne sauldra de sa terre.
Passons premier, ou si non, doubte fais :
Sans paix avoir, aurons guerre ! guerre !

L'ENVOY.

Princes, pour Dieu mettez chascuns du sien
Pour conquérir et pour sauver sa terre :
Passons la mer, ou j'apperçoy trop bien,
Sans paix avoir, aurons guerre ! guerre (1) !

(1) Cette ballade, qu'Eustache Deschamps met dans la bouche de son curé, peint les misères de la France, qui ne finiront pas tant qu'on n'aura pas attaqué les Anglais chez eux. — On voit que ce plan de campagne n'est pas nouveau ; plusieurs fois il fut tenté sous Charles VI, mais sans qu'on ait pu sérieusement le mettre à exécution.

LA COMPLAINTE DE LOYS DE CHAMPAGNE, COMTE DE SANCERRE.

(1402.)

Plourez, héraulx, plourez, chevalerie,
Tous ménestrels, trompettes, gens de guerre,
Plourez, maistres de toute artillerie,
Mineurs aussi, vaillance en toute terre,
Le bon Loys, mareschal de Sancerre,
Puis pour son bien de France connestable !
Plourez l'ostel grant, large et honourable
Qu'à son temps tint li chevaliers loyaulx !
Plourez pour lui, tous serviteux royaulx,
Tous estranges ses dons et sa largesse,
Qui tant hay tous hommes desloyaulx !
Plourez pour lui, toute gent de noblesse !

Et Champaigne, pleure, triste et marrie,
Son nom, son cris, qui à tousjours s'enterre,
Armes et tout qu'il porta à sa vie
Sanz reproucher. Sa mort le cuer me serre !
Or ne sera qui les porte ou desserre
Jamais, nul jour : c'est chose pitéable,
Car en ses faiz fut fort et vertuable.
Diligence ploure ses grans travaulx,
Ce quel souffrit, la durté et les maulx
Pour son seigneur, et la guerre qui blesce :
En lui ne fut onques trové défaulx.
Plourez pour lui, toute gent de noblesce.

Plourez les gens servens son escurie,
Ceulx qu'il a faiz tout bachelier qui erre
Pour avoir nom ! armuriers, armoirie.
Tenir vous fault désor enclos soubs serre.
Princes loyaulx, vueillez service querre
A ses servens : chose est rémunérable,
Qui sont dispers ; soiez leur secourable.
Leur chief est mort, qui tant vous fut feaulx :
Pour son amour, aiez pité sur yaulx.
Pour exempler toute gent de jonesse
De faire bien en armes, en chevaulx.
Plourez pour lui, toute gent de noblesce.

L'ENVOY.

Prince, mort fu Loys votre vassaulx ;
Et de Paris, en Février, vo consaulx,
A Saint Denis le conduit en tristesce,
Où entrez est de lès les plus haulx :
M CCCC et deux fut ses tombeaulx.
Plourez pour lui, toute gent de noblesse (1) !

(1) Etienne de Champagne, troisième fils du comte Thibault II, mort en 1152, eut, dans la succession de son père, le comté de Sancerre.—Loys de Champagne, comte de Sancerre, son petit-fils, était donc de la famille de nos comtes. —Son père fut tué à Crécy. Lui-même ne cessa de défendre la patrie et la couronne contre l'étranger. Maréchal de France en 1362, vainqueur des Anglais dans maints combats, en 1397, il reçut l'épée de connétable. Il mourut le 6 Février 1402, et ne laissa que deux fils naturels. La postérité légitime des comtes de Champagne finit avec lui. Avec lui s'éteignit l'espoir qu'avait gardé la Champagne de redevenir une principauté, d'avoir à elle son nom, sa bannière, ses lois et sa vie.—Voyez la ballade qui suit.

LA BALLADE DE LA MORT DES ARMES

DE CHAMPAGNE.

(1402.)

Plourez, plourez les armes de Champaigne (1),
Tous Champaignois, clers et gens de noblesce,
Dont l'escu mort voy, cri, bannière, enseigne,
Le bon Loys de Sancerre, l'adresce
Des chevaliers, qui print mainte forteresce
Sur les Anglois. Jadis mareschal de France,
Connestable depuis pour sa vaillance,
Et qui fut fait par bonne élection ;
En maint lieu fut—Pass'avant, en saison (2)
Son noble cry et s'ensaigne levée.
Et des Anglois fist grant destruction :
En paradis soit s'ame couronnée.

C'est bien raison que vaillance le plaingne
Et tous les bons, qui tendent à prouesse.
Et toy, terre de tes armes brehaigne (3),

---

(1) Eustache Deschamps.—Crapelet, page 117.—Les armes de Champagne sont un écu d'azur traversé par une bande d'argent, cottoyée de deux doubles cottices potencées et contrepotencées de même.

(2) Le cri de guerre de nos comtes était : —Pass' avant, au comte ! Pass' avant !—Une commune située près de la Lorraine porte ce nom, qui devint célèbre d'occident en orient.

(3) Stérile, veuve.

Bien les porta. C'est ce qui plus me blesse ;
Car jamais n'iert home qui les redresse (1)
Ne qui de toy face plus remembrance !
Tu as perdu ton nom, ta congnoissance (2).
Tes membres sont en grant division.
Ploure ! ploure ta grant perdicion !
Que jamais jour ne sera recouvrée
La mort Loys, qui Dieu face pardon.
En paradis soit s'ame couronnée !

Car il n'est nul, qui en ses faiz reprengne
Fors que tout bien, honour et hardiesse.
Large à son temps, ne tint onques compaigne
Fors gens d'onnour, de haulte gentillesse.
Toujours aloit et queroit sans paresse.
Ses ennemis combattoit à oultrance,

(1) Avec Loys de Champagne, comte de Sancerre, finit la race masculine et légitime de nos comtes.

(2) Henri, IIIe du nom, quinzième et dernier comte de Champagne, mourut en 1274. Il laissait une fille nommée Jeanne, qui porta son comté en dot à Philippe, fils de Philippe le Hardi, et depuis Philippe le Bel, et la Champagne fut réunie à la France en 1286.—Louis le Hutin, leur fils, n'eut qu'une fille nommée Jeanne, comme son aïeule. La Champagne était son domaine : elle la donna avec sa main à Philippe de France, comte d'Evreux. En 1335, Jeanne et Philippe cédèrent à Philippe de Valois tous leurs droits sur la Champagne, et depuis elle n'a plus été séparée de la couronne de France.—Quand Loys de Sancerre mourut, il y avait déjà soixante-sept ans que cette annexion avait eu lieu. Le poète champenois regrette sa nationalité perdue. Du moins, nos rois avaient respecté le nom de leur nouvelle province : la Révolution devait lui porter ce dernier coup. Mais n'anticipons pas sur la chanson de l'histoire, et avec notre dernier ménestrel disons à notre vieille province :

> Tu as perdu ton nom, ta congnoissance.
> Tes membres sont en grant division.
> Ploure ! ploure ta grant perdicion !

Aux bons avoit amour et aliance.
De maint mauvais fist grant pugnicion.
Sé François fust, nulle remission
Ne lui faisoit. La teste avoit coupée,
Ou le pendoit en cas de traïson.
En paradis soit s'ame couronnée.

L'ENVOY.

François, plourez, Berruier, Bourgoignon,
Sancerre aussy, gens d'armes, compaignon,
La Langue d'Oc et mainte autre contrée,
Gens prisonniers, aux quels il fist maint don,
Le bon Loys, et donna leur raençon :
En paradis soit s'ame couronnée.

EQUIPAGE D'UN CHEVALIER CHAMPENOIS.

(1410.)

 Mestier d'armes n'a pas tel guise :
Plus périlleux est et plus dignes,
Et n'est pas mestiers de béguines.
Il n'y a aise ne repos :
Riens ne vault chevalier repost,
Et qui ne montre sa vaillance.
Escu lui fault, espée et lance,
Col d'acier et garde-bras,
Harnoys de jambes pour le bas,
Solers de fer et une pièce
Que la poitrine ne despièce,
Plotes, jaques et gantelets,
Braconnières et bassinets,
Hache, dague, camail, visière
(Mais qu'il y ait bonne lannière),
Cotte d'armes pour pairement.
Et si lui fault maint garnement
Court et long, manteaulx, hopelandes
Fourrées de gris, belles, grandes,
De menu vair, de roix, d'ermines,
Foynes, martres bonnes et fines,
Fins draps brodés d'argent et d'or ;
Drap de Damas faut-il encor
De soye, et de feuille bature,
Chapeaulx de perles et sainture
Dorée ou d'or à bons esmaulx.
Il faut roncins et grans chevaulx

Couvers et armés richement
Pour joustes, pour tournoiement.
C'est pour la guerre du temps passé ;
Ce point est à présent cessé,
Car à piet se fait la bataille,
Afin que nulz homs ne s'en aille. (1).

(1) *Miroir du mariage*, par Eustache Deschamps. L'auteur, pour montrer les inconvénients d'avoir un fils chevalier, expose en détail les dépenses que nécessite son équipement.— Les derniers vers indiquent les changements survenus dans les éléments qui composaient les armées françaises. — Charles V avait créé des corps d'infanterie plus disciplinés que les chevaliers bannerets et leurs vassaux. — Les fantassins fournis par les communes montrèrent à Bouvines qu'ils n'avaient pas plus envie que les nobles de lâcher pied. — Mais le poète parle à un gentilhomme : il veut le flatter.

LA COMPLAINTE
DE LA MORT DE JEAN SANS-PEUR,
DUC DE BOURGOGNE,
ADVENUE SUR LE PONT DE MONTEREAU-FAUT-YONNE.
(10 Septembre 1419.)

    Dieu, qui est vray miséricors (1),
    Vueille ceulz en santé tenir,
    Qui vorront oyr nos recors
    Et de vollenté retenir ;
    Dont chy orés, au Dieu plaisir,
    Pitié recorder playnement
    Du bon duc, que on a fait morir :
    Dieu mesche s'ame à sauviment !

---

(1) *Chansons du temps de Charles VI.*—M. Leroux de Lincy, 1857, page 19.—Jean, duc de Bourgogne, avait, en 1407, fait assassiner le duc d'Orléans, frère de Charles VI. De là la haine que lui vouèrent les amis du prince, connus sous le nom des Armagnacs. Il eut d'abord le gouvernement de la France, puis il le perdit. Son mécontentement amena la guerre civile et l'invasion étrangère. Une entrevue solennelle, où l'on devait tenter un rapprochement entre le prince et le dauphin, eut lieu au pont de Montereau : il y fut assassiné d'un coup de hache par Tanneguy Duchastel, qui crut venger son ami le duc d'Orléans et délivrer la France d'un factieux. Il oubliait qu'un crime ne justifie pas un crime. Les Bourguignons devinrent alors les alliés des Anglais, et la France fut plus malheureuse que jamais. Le plat pays, c'est-à-dire la Champagne et la Brie, qui séparaient la Bourgogne de l'Ile-de-France, devint le champ de bataille que se disputèrent les factions.—De là cette curieuse complainte écrite par un partisan du duc de Bourgogne.

Sancq et nature vault finer,
On s'en peult bien apperchevoir ;
Amys font l'um l'autre miner
Et déchéir par noncaloir ;
Plainement on voit apparoir
Les signes de mortalité :
Jésus, par son digne pooir,
Ayt du povre poeuple pité !

Que le comte de Charoloix (1)
A moult de tristesse et doleur !
Madame sa mère, c'est droix (2),
En a forment dolent le cueur,
Et aussy a sa bonne seur (3),
Qui d'Austrisse tient le pays,
Et la dame de grand valeur
Qui Haynau tint au temps jadis (4).

Celle de Savoye ensément (5)
S'en doit grandement dolourer.
Le duc de Brabant proprement (6)
En doit aussy grand dœil mener :
Et Saint-Pol en doit bien plourer (7),

---

(1) Philippe le Bon, alors comte de Charolais, duc de Bourgogne à la mort de son père Jean Sans-Peur.

(2) Marguerite de Bavière, veuve de Jean.

(3) Catherine de Bourgogne, sœur de Jean, femme de Léopold, duc d'Autriche.

(4) Jacqueline de Bavière, comtesse de Hainaut, duchesse de Bourgogne, mère de Jean.

(5) Marie de Bourgogne, fille de Jean, femme d'Anne, comte de Savoie.

(6) Jean de Bourgogne, neveu de Jean, duc de Brabant.

(7) Philippe de Bourgogne, neveu de Jean, comte de Saint-Pol.

Et aussy doit plourer Nevers (1).
Jhésus-Christ lui vœuille ottrier
Vray pardon de tous ses meffais!

Et Jéhan de Bayvière aussy (2)
En doit estre le cuer dolant :
Perdu y a un grant ami,
Et qui du cueur lui fut aidant ;
Aussy à la dame plaisant
De Guienne, qui fille estoit (3)
Au duc qui a fini son temps :
Jhésus miséricors luy soit!

Tous seigneurs, prinches terriens
En sont en tribulacion.
Il n'est grans, petis ne moyens,
Qui n'en soit en confusion :
Moult doubtent la pugnission
Du mal, qui en porroit yssir.
Sé Dieu n'y met provision,
Grant meschief en poeult advenir.

Las! que les gens du plat pays
En sont attendant de griesté!
Trestous, communs, grans et petis,
En sont grandement destourbé.
Laz! ils ont esté desrobé,
Perdu le leur en trestous cas.
Ils se cuidoient reposer :

(1) Charles de Bourgogne, neveu de Jean, comte de Nevers.
(2) Jean, duc de Bavière, beau-frère de Jean.
(3) Marguerite de Bourgogne, fille de Jean, femme de Louis de France, dauphin, duc de Guienne, et femme en deuxièmes noces d'Artus de Bretagne, connétable de France.

Mais fortune les met au bas.

La dame, qui cueur a vaillant (1),
Qui fut femme au duc Bourgoignon,
Ses bons amis va requérant,
Disant : —Henuyer, Brabanchon,
Souviengne vous du bon baron !
Et aussy entre vous, Flament,
Que sa mort venghiés de cueur bon,
Contre ces Ermignalz païens (2).

Le bon conte de Charolois
Se complaint moult piteusement
De la paix, que on fist l'autre fois,
Au jour que on tint le parlement.
Ensemble allèrent à ce moustier
Et rechurent leur sacrement,
Et promirent paix sans tricquier :
Et puis l'ont murdry faussement !

Oncques mais seigneur si puissant
Ne fut par tel party finé :
Quant par ceulx, où s'aloit franc,
Il a esté persécuté.
Chieux Dieux, qui en croix fut péné,
Lui fache à son ame pardon,
Et tous ceulx qui sont trispassé,
Ayent aussy de Dieu le don !

Sy prions Dieu devotement
Qu'il vœulle nostre duc garder,

---

(1) La veuve du duc Jean Sans-Peur.
(2) Tanneguy Duchastel, les amis du feu duc d'Orléans, les partisans du dauphin, qui eurent le malheur de souiller par un crime le drapeau de la nationalité française.

Et aussy ceulx semblablement
Qui Franche doibvent jouvener !
Et vœulle les seigneurs garder,
Qui sont au noble prinche amys,
Et paix et paradis doner
Au Seigneur, dont sommes subgis !

LE DIT DU TRAITÉ DE TROYES
(21 Mai 1420.)

Une femme eust jadis perdu l'humain lignaige,
En séduisant Adam, son chef et sa moitié,
Si Dieu, par une vierge aussi sainte que saige,
N'eust étendu sur nous de son fils la pitié.

Catherine eust planté nos lys en Angleterre,
Notre salique loy par armes s'abbatant,
Si Jeanne la Pucelle, en protégeant sa terre,
N'eust l'ennemy vainqueur défait en combat-
[tant (1).

(1) HALLEY, avocat général à la cour des aides. — *Recueil de* Charles DU LYS, p. 22.— Le 21 Mai 1420, un odieux traité mariait à Henri V, roi d'Angleterre, Catherine de France, fille de l'infortuné Charles VI, et lui transférait ses prétendus droits à la couronne de France après la mort de ce dernier. — Le dauphin en appela à Dieu et à la France. Dieu lui envoya Jeanne d'Arc, et la France lui garda sa couronne en sauvant sa propre nationalité.

LE DOGME DE LA LÉGITIMITÉ EN CHAMPAGNE.

(1420.)

...... Par succession,
Vaut mieux à toute région
Avoir seigneur par mariaige
Et descendance de linaige,
Et roy, qu'à force ou par eslire,
Ainsi comme on fait en l'Empire ;
Car en telles élections
A trop de fraudulacions
Ou par malice, ou par promesse,
Ou par paour, ou par haultesse (1).

(1) Eustache DESCHAMPS. — *Miroir du mariage,* sixième rubrique. — Manuscrit de la Bibliothèque Nationale. — Ces vers durent être écrits à l'époque du traité de Troyes (21 Mai 1420), qui transférait la couronne de France aux descendants de Henri V et de Catherine de France, fille de Charles VI. — Eustache Deschamps, à cette époque, touchait à la fin de sa vie : il connaissait le monde et savait comment on acquiert les suffrages dont on a besoin.

LA CHANSON DU SIÉGE DE MELUN.
(1420.)

Vollez oyr notables dis (1)
Des Erminags, qui s'estoient mis (2)
   En Melun la fermée,
Que le roy d'Engleterre prist (3)
Et ses nobles frères gentilz (4)
   A bannière levée.
Et le francq duc de Bourguignons (5),
   A noble baronie,
Vint, et le seigneur de Chalons (6),
   Et ceulx de Picardie.

Depuis que Dieux fut mys en croix,
On ne vyt siége de deux roys (7)
   Point de plus grant poissanche.
Ly lions nobles et courtois (8),

---

(1) *Chansons historiques du temps de Charles VII,* L. DE LINCY, 1857, page 26.

(2) Les Armagnacs, c'est-à-dire les royalistes.

(3) Henri V, le mari de Catherine de France.

(4) Jean, duc de Bedford, depuis régent de France, mort en 1435.

(5) Philippe le Bon.

(6) Louis de Châlon (sur Saône), prince d'Orange, mort en 1463.—Maison éteinte en 1530.

(7) Allusion à la présence de Jacques Stuart, que les Anglais tenaient captif et qu'ils amenèrent devant Melun pour le compromettre près de la France.

(8) Armes de Bourgogne.

Qui héoit les Erminagois,
　　Se mist en ordonnanche.
Bourguignons, Picars, Savoyens
　　Avoit en sa compaigne ;
Devant Melun, luy et les siens
　　Furent sur la compaigne.

　　Barbasan en Melun estoit (1),
Qui toute s'entente métoit
　　A garder la fortresse.
Maint Ermignag o lui avoit,
Lesquelz ont, par leurs faux exploix,
　　Donné aux bons tristesse :
Si doit bien tous bons cœurs prier
　　A la Vierge Marie
Que le bon roy puist exillier
　　Son adverse partie.

　　Le roy d'Angleterre jura,
Quand devant Melun arriva,
　　Dieu et sa Vierge Mère,
Que du siége ne partira :
Ly lyons ainsy l'acorda,
　　Car por la mort son père (2)
Vengier, moult forment désiroit
　　Que tous les pensist prendre,
Adfin qu'il peust savoir le droit,
　　Dont le mal poit descendre.

　　Erminags, trop oultrecuidiés
Fustes, quant fustes herbergiés

---

(1) Arnould de Guilhem, sire de Barbazan : le roi lui donna le privilége de placer au milieu de ses armes trois fleurs-de-lis d'azur.

(2) Jean Sans-Peur, tué à Montereau.

Dedans Melun la ville :
Onques n'en fut donné congié
De cilz, à qui est, ce sachiez.
   Pis volés que credibile,
Qui venez nobles guerroyer
   En leur royal contrée !
Cuidiez vous Franche conquester ?
   Non : avez fol idée !

Tant y ont audit siége esté
Qu'ont ceulx de Melun affamé (1),
   Tant que par grant famine
Se sont rendu et délivré
   Du roy et sa doctrine,
Aveuc le noble roy Henry
   Et le duc de Bourgongne,
Qui ot moult le cueur resjoy
   Quand il vit la besogne.

Maint chevalier et maint baron
En Melun, ainsi le dit on,
   Entrèrent par noblesche.
Trois cens gentilz hommes de nom
Et VIII .C. sans avoir renchon.
   Riens n'y vally haultesse :
On en fist plusieurs affiner
   Et ruer dedans Sayne,
Et les gentilz hommes mener
   En Paris la haultaine.

Là en fera droit et raison :

---

(1) La famine seule obligea les royalistes à se rendre.— Cette chanson est l'œuvre d'un Bourguignon, ou d'un Français *renoié*, comme on disait alors.—Le siége dura du 22 Juillet au 1ᵉʳ Novembre 1420.

Chascun ora sa guerredon
 Selonc sa mesprisure;
Les aultres en conclusion
Aront telle pugnission.
 On dist en l'escripture
Que onques roy ne empereur,
 Tant euist grant puissanche,
S'il faisoit en Franche rigueur,
 Qu'on nen euist venganche.

 Bien pert par les Erminagois,
Qui ont tant fait de mais exploiz,
 Qu'ilz ont maise querelle.
En Franche ont fait tant de desrois,
 Desrobé marchans et bourgois;
Femme et mainte puchele
Ont vyollées faussement,
 Dont la Vierge loée
Leur en donra mais paiement
 Ains leur vye finée.

 Prions à Dieu dévotement
Qu'il gard' de mal, d'encombrement
 Le roy par sa puissanche,
Et le duc de Bourgongne gent,
Et ceulx qui l'ayment loyalment,
 Et leur bon alyanche,
Adfin qu'il puist suppéditer
 Son adverse partie.
Jhésus nous vueille paix donner,
 Et la Vierge Marie. — Amen.

LE DIT DU SIÉGE DE MELUN.
(1420).

En l'an mil quatre cens ving (1),
Le roy d'Angleterre mena (2)
Le roy d'Ecosse, qui s'en vint (3)
En France, là où il l'amena.
Ce voyage là fut brassé
Pour attraire les Escossoys
Qui servoient le roy trespassé,
Et qu'ils laissassent les Françoys.

Les dicts Escossoys rien ne firent
Pour leurs blandices et requestes :
Ainçoys le feu roy bien servirent (4)
En ses affaires et conquestes.
Et après le roy d'Angleterre,

---

(1) Extrait des Archives de Melun. — Collection de M. Leroy.— Le traité de Troyes avait livré la succession de Charles VI aux Anglais ; mais il fallait s'en emparer. La Champagne, fidèle aux lois du royaume, tenait naturellement pour le dauphin ; comme voisine de l'Ile-de-France, elle devait, avant tout, être conquise. — De là les siéges de Montereau et de Melun dont parlent ces couplets.

(2) Henri V.

(3) Jacques Ier, roi d'Ecosse, né en 1391, de la race des Stuarts, était prisonnier des Anglais depuis 1405. Ils disposaient de sa personne, mais non de ses affections. Ses sujets restèrent les fidèles alliés de la France malheureuse, et contribuèrent au rétablissement de notre indépendance. Jacques ne recouvra sa liberté qu'en 1423. Il fut assassiné en 1437.

(4) Charles VII.

En Bourgogne si prendrent Sens,
Moret, avecques autres terres ;
Car ils estoient forts et puissans.

Le siége misrent à Monstereau,
Où pas gramment ne demourèrent,
Car, avec appointement beau,
Les gens de céans s'en allèrent.
Puis Melun firent assiéger,
Où Barbazan et les Françoys (1),
Tant que là eurent à manger,
Se résistèrent aux Anglois.

Au derrenier, par faulte de vivres,
Se rendirent et composèrent ;
Leurs biens saufs et leurs corps délivres,
Et à tant partir s'en cuidèrent.
Les Anglois depuis exceptèrent
Barbazan et autres requis,
Qui après manières trouvèrent
D'eschapper par moyens exquis.

Un mignon du roy d'Angleterre
Si leur fyt issue et passaige,
Dont eust la teste mise à terre,
Nonobstant amour n'avantaige.
Oultre les Anglois condamnèrent
Ceulx du dict Meleun à payer
Grands finances, qu'ils emportèrent,
Et à les murs réédifier.

(1) Arnould de Guilhem, sire de Barbazan, le héros du siége de Melun, le chevalier sans reproche, resta huit ans prisonnier. Délivré en 1430, nommé gouverneur de Champagne, il battit souvent dans nos plaines les Anglais et les Bourguignons, et mourut en 1431, des blessures qu'il avait reçues à la bataille de Bugneville en Lorraine. L'homme qui conduisit tant de fois à la victoire les bonnes gens de Champagne, fut inhumé à Saint-Denis.

LE DIT
DE LA BERGERELLE DE VAUCOULEURS.
(1428.)

Tost après, en ceste douleur (1,)
Vint au roy une bergerelle
Du villaige de Vaucouleur (2),
Qu'on nommoit Jehanne la Pucelle.

C'estoit une povre bergère,
Qui gardoit ses brebis ès champs,
D'une doulce et humble manière,
De l'aage de dix huit ans.

Devant le roy on l'amena
Ung ou deux de sa connoissance,
Et alors elle s'inclina,
En lui faisant la révérence.

---

(1) Ces vers sont de Martial de Paris, né vers 1444. Il avait connu dans sa jeunesse des témoins des faits qu'il a racontés dans ses *Vigiles de la mort du roi Charles VII.* — Paris, 1724, 2ᵉ vol., page 96.

(2) Jeanne venait de Domremy, lieu de sa naissance, prévôté d'Andelot, bailliage de Chaumont en Bassigny, élection de Langres. — On crut qu'elle venait de Vaucouleurs, parce qu'elle fut amenée près du roi par Robert de Baudricourt, gouverneur de Vaucouleurs. — Jacques d'Arc ou même d'Ay, était né, suivant les uns, à Sermaize, près Vitry-le-François, et suivant les autres à Ceffonds, commune voisine de Montierender, près de Troyes. — Jeanne était donc bien une fille de la Champagne, et par sa naissance individuelle, et par l'origine de sa famille.

Le roy par jeu si alla dire :
—Ah ! ma mie, ce ne suis-je pas.
A quoy elle respondit : —Sire,
C'estes vous : ne je ne faulx pas.

—Au nom de Dieu, si disoit elle,
Grand roy, je vous mènerai
Couronner à Reims, qui que veuille,
Et siége d'Orléans leveray.

Le feu roy, sans s'esmouvoir,
Clercs et docteurs si fist eslire
Pour l'interroger et scavoir
Qui la mouvoit à cela dire.

A Chynon fut questionnée
D'ungs et d'autres bien grandement,
Auxquels par raison assignée
Elle respondit saigement.

Chascun d'elle s'esmerveilla,
Et, pour à vérité venir,
De plusieurs grands-choses parla
Qu'on a veues depuis advenir.

LA CHANSON DE JEANNE D'ARC.

(1428-1431.)

De la fameuse Pucelle,
  Dite d'Orléans,
Je sais la chanson nouvelle,
  Ses faits éclatans.
Qui veut savoir son histoire
  N'a qu'à approcher ;
Elle est digne de mémoire :
  Faut la réciter.

Jeanne dans un bourg de Lorraine (1)
  Des plus apparens,
Elle naquit, chose certaine,
  De pauvres parens.
Plus la naissance est petite,
  Plus il faut montrer
De talens et de mérite
  Pour nous illustrer.

Un jour qu'elle menoit paître
  Son petit troupeau,
L'on dit qu'elle vit paroître (2)
  Un ange fort beau,
Qui lui dit : —Jeune bergère,
  Allons ! suivez moi !

(1) Lisez : *Champaigne*.—Voyez les notes précédentes.
(2) 1428.

Il faut quitter père et mère
 Pour servir le roi.

 Au moment que je vous parle
 Comme ambassadeur,
Notre grand monarque Charle
 Est dans la douleur :
Par les Anglais son royaume
 Est presque tout pris,
Et de Londres un gentilhomme
 Règne dans Paris.

 Orléans, ville fidèle,
 Tient encor pour lui.
Venez avec un grand zèle
 Combattre avec lui.
Vous ferez lever le siége,
 Je vous le promets,
Car ceux que le ciel protége
 Ont toujours succès.

 Au roi sous votre conduite
 Il faut déclarer
Qu'il aille à Reims bien vite
 Se faire sacrer.
Après quoi, brave bergère,
 Mettez armes bas ;
Car le reste est un mystère
 Que je ne dis pas.

 A ces mots, la jeune fille,
 Sans prendre d'effroi,
Prit congé de sa famille,
 Va trouver le roi,
Qui loua sa bonne mine
 Devant les seigneurs,

Et l'appela sa cousine,
  Pour surcroît d'honneurs (1).

On l'habille en amazone,
  L'épée à la main.
Comme un guerrier, on lui donne
  Un fort bon butin (2).
Sur sa haute renommée,
  Les meilleurs soldats
Et tous les chefs de l'armée
  Marchent sur ses pas.

Notre héroïne, à leur tête,
  Court vers Orléans,
Rassurant d'un air honnête
  Ses bons habitans.
—Ne craignez rien, leur dit-elle;
  Chez vous les Anglais,
Tant que vivra la Pucelle,
  N'entreront jamais.

—Allons! chers amis, dit-elle,
  Voilà la partie!
Soutenons la citadelle
  Sur nos ennemis.
Elle y combat en personne
  Avec tant d'ardeur,
Que le plus brave s'étonne
  De voir sa valeur.

Par un coup de maladresse,
  L'Anglais inhumain
Décoche un trait qui la blesse

(1) Fin de Février 1429.
(2) Equipage.

Au milieu du sein.
Bien loin que le mal l'empêche
　　D'agir en soldat,
Elle retire la flèche,
　　Revole au combat.

C'est alors que le carnage
　　Devient furieux.
La Pucelle avec courage
　　Se porte en tous lieux,
Avec sa grande prudence
　　Qu'elle ordonne à tous
De n'avoir point de vengeance ;
　　Elle en vient à bout.

Talbot, Suffolk et d'Escalles,
　　Généraux anglais,
Dans ce moment déplorable,
　　Se voyent défaits.
Le huit Mai mémorable,
　　Décampent la nuit ;
Et notre fille admirable
　　Au loin les poursuit.

Cette célèbre victoire
　　Délivre Orléans.
Jeanne d'Arc en eut la gloire
　　Et les complimens.
Et voyant que cette fille
　　Combat sans profit,
Avec toute sa famille
　　Le roy l'ennoblit (1).

Sans s'arrêter, la Pucelle

---

(1) 1430.

Se rend à Jorgeau,
Qui ne tient pas devant elle,
Malgré son château.
Avec la même vitesse
Elle prend aussi
Janville et sa forteresse,
Meung et Beaugency.

Cette digne et noble fille,
Pour remplir l'emploi,
A Chinon d'un pas habile
Va trouver le roi :
— A Reims, lui dit-elle, sire,
Faut vous faire sacrer.
Je m'offre à vous y conduire
Sans vous égarer.

Ceci demande sans doute
Des réflexions,
Car l'Anglais ferme la route
Par ses bataillons ;
Mais l'on ne voit pas d'obstacles,
Malgré la terreur,
Car le ciel fait des miracles
Pour les gens d'honneur.

A Reims le monarque arrive
Très heureusement.
L'on crie : A jamais qu'il vive,
Ce roi si charmant !
Puis il reçoit du saint chrême
La douce onction
Avec une joie extrême (1)
Et dévotion.

(1) 17 Juillet 1429.

Assise aux pieds de son trône,
   En habit fort beau,
L'on voyoit notre amazone
   Portant son drapeau.
Sur la fin, elle dit : — Sire,
   Je sais mon emploi.
Souffrez que je me retire
   A présent chez moi.

   — Non, dit le roi, ma princesse,
   Vous m'avez servi
Trop bien pour que je vous laisse
   En aller d'ici.
Si je deviens le maître
   De la France un jour,
Je saurai bien reconnaître
   Vos soins, à mon tour.

De cette noble prière
   Son cœur fut flatté,
Car on ne refuse guère
   Une majesté.
Notre guerrière, animée
   Par ce compliment,
Va reprendre de l'armée
   Le commandement.

   Elle part en diligence,
   Prend Soissons, Senlis,
Laon, le Pont-Saint-Maxence,
   Beauvais, Saint-Denis.
Elle voulut au roi de France
   Rendre ses états,
Mais, hélas ! la Providence
   Ne le permit pas.

A Compiègne étant allée
   Donner du secours,
Après s'être signalée
   Pendant plusieurs jours,
Les méchants Anglais la prirent
   Dans un guet-à-pens (1),
Et de cet endroit la firent
   Conduire à Rouen.

Là, dans un affreux supplice (2)
   Qu'ils lui font souffrir,
Par une horrible injustice,
   Ils la font mourir;
Et d'une honte éternelle
   Ils se sont couverts.
Mais l'on chantera la Pucelle
   Dans tout l'univers.

Oui, dans nos cœurs la Pucelle
   Doit vivre à jamais,
Car nous n'aurions plus, sans elle,
   Le nom de Français;
Et, bannis de cette terre,
   Loin de nos foyers,
Nous serions en Angleterre
   Pauvres prisonniers (3).

(1) 24 Mai 1430.
(2) 21 Mai 1431.
(3) Cette chanson populaire doit avoir une origine contemporaine de la mort de Jeanne d'Arc. Elle a été réimprimée à Chartres, en 1840, par M. G. Duplessis.—Cette chanson nationale a dû subir, chemin faisant à travers les siècles, bien des altérations; mais, telle qu'elle est, elle doit vivre comme un monument de notre nationalité.

LÉGENDE
DE LA TAPISSERIE DE JEANNE D'ARC (1).
(1429.)

Par le conseil de Jeanne la Pucelle,
Charles VII° en grand train fut mené
Jusques à Reins ; et vérité ne selle
Qu'en ce dit lieu il ne fut couronné.

(1) Cette tapisserie, faite de 1490 à 1520, fut conservée dans le trésor de Notre-Dame de Reims jusqu'en 1792. On ne sait ce qu'elle est devenue depuis. On y voyait Jeanne d'Arc, portant le guidon de France, conduisant Charles VII à Reims.—Une gravure, exécutée dans le XVII° siècle et devenue très-rare, reproduit ce curieux tableau. Elle illustre l'ouvrage consacré par Charles du Lys à la mémoire de la vierge de Domremy.—Au fond, on voyait son père et sa mère arrivant à Reims.—Une plaque de marbre noir, portant une inscription en caractères d'or, signale encore, près de la cathédrale de Reims, l'hôtel où ils furent logés.

LE NOM DE DU LYS

DONNÉ PAR CHARLES VII A LA PUCELLE

ET A SA FAMILLE.

(1429.)

A Domp-Remy nasquit ceste Pucelle,
Dont la vertu, plus souefve que fleurs,
Trouvant la France en tristesse et en pleurs,
En joye et heur la rendit immortelle.

Son nom fut d'Arc, certain présage qu'elle
A coups de traits chasseroit les malheurs
Qui, sous l'Anglois, la couvroient de douleurs
Et ravageoient sa campagne si belle.

Mais quand, après tant de vaillans exploits,
Elle eut remis son sceptre sous les loix
De la maison qui juste le possède,

Quel nom pouvoit couronner ses beaux
[faits
Que d'un beau lys, qui convient à la paix
Et en beautés à nulle fleur ne cède (1)?

---

(1) *Recueil de* Ch. DU LYS, page 46. — Ces vers sont de J. Roussel, avocat au parlement.

MARCHE TRIOMPHALE DE JEANNE D'ARC
D'ORLÉANS A REIMS.
(1428-1430.)

AUX ANGLOIS.

Lorsque cette jeune Pucelle,
Pour nous remettre en liberté,
Avec tant de facilité
Vous chassoit ainsi devant elle,
Ses armes cachoient ses habits :
Ce n'estoit rien qu'une bergère.
Anglois, qu'eussiez-vous pu moins faire,
Si vous eussiez esté brebis (1) ?

(1) P. Palcis, gentilhomme de Caen. *Recueil de* Charles DU LYS.—1628.

LE SACRE DE CHARLES VII.

(1428-1430.)

Or notons cy grande merveille,
Les faits de Dieu et les vertuz,
Quant, à la voix de la Pucelle,
Les Angloys furent abatuz.

Une chose de Dieu venuë :
Ung ange de Dieu amyable,
De quoy toutes voys la venuë
Fut au royaume proffitable.

Nostre Seigneur, communément,
N'a point acoustumé d'ouvrer
Ne de donner allegement,
Quant ailleurs on le peut trouver.

Mais où nature et les humains
N'ont plus de povoir et puissance,
C'est alors qu'il y met les mains,
Et qu'il fait sa grace et clémence.

Ou moys de Juing d'icelluy an,
Le roy fist à tous assigner
Qu'ilz se rendissent à Gyen,
Pour aller à Reins couronner.

Si eut tantost grande assemblée
Des barons et nobles de France,
Qui tous vindrent à ceste armée
De cueur, en toute diligence.

Là furent les ducs de Bourbon,
Allençon, Vendosme, Dunoys,
Richemont, Lahire, Poton
Et tous les vaillans chiefz françoys.

Plusieurs autres, sans les mander,
Si y vindrent pareillement,
Pour servir le roy et l'aider
Au fait de son couronnement.

Or sur ce point est à noter
Que Reins, Troez, Chaalons, l'Auxerroys,
Où il falloit se transporter,
Si estoient tenuz des Angloys.

Toute Champaigne, Picardie,
Brye, Gastinois, l'Ysle de France
Et le pays de Normendie
Estoit en leur obéissance.

Le roy, pour son pays conquerre,
Nonobstant son chemin, tira
Droit devers la ville d'Auxerre,
Où son ost troys jours demoura.

Si luy fut faicte obéissance
Et entrée par les habitans,
Qui eurent une surcéance,
Dont plusieurs ne furent contens.

De cet apointement y là
Tremoüille si fut blasmé fort,
Et puis Richemont s'en alla,
Car entr'eulz y avoit discort.

Le roy en l'ost si fist crier

Que les gens d'armes si allassent
Avec leurs chiefz, sans délayer,
Et sans ce que rien s'amusassent.

La dicte Pucelle, en allant,
Si rencontra devant sa veuë
Deux fillettes et un galant,
Qui là menoient vie dissolue.

Si frappa dessus ruddement
Tant qu'elle peut de son espée,
Et sur les gens d'armes tellement
Qu'elle fut en deux pars couppée.

De les battre n'estoit que bon,
Et luy fut dit par l'assemblée
Que devoit frapper d'un baston,
Sans despecer sa bonne espée.

Le roy, lendemain au matin,
Si mist en son obeissance
La ville de Sainct Florentin,
Qui lui fist grande réverence.

De là chemina devant Troyes,
Où les Bourguignons et Angloys
Sallirent dehors à Montjoye,
Pour faire en aller les Françoys.

Si demoura illec l'armée
Quelqu'environ six ou sept jours,
La gent estant toute affamée,
Pour faulte de pain et secours.

Les gens d'armes mouroient de fain,
Et estoit chascun descrepy,

Car ilz ne mengeoient que le grain
De blé qui croissoit en l'espy.

Ces bourgeois de Troës bien vouloient
Eulx rendre au roy entièrement,
Mais les Angloys les empeschoient
Tant qu'ilz povoient incessamment.

Si fu tenu conseil serré
Par le roy, qu'on avoit affaire,
Où fut dit et déliberé
Qu'il valloit mieulx de se retraire.

Les ungz assignoient la raison
Parce qu'ilz n'avoient de quoi vivre,
Et qu'en si très briefve saison,
L'en ne peut telle œuvre poursuivre.

D'autre part, la ville estoit forte,
Non ainsi de legier à prendre,
Veu l'assemblée et la cohorte
De tant d'Angloys à la deffendre.

Oultre n'avoit artillerie
A souffisance n'aultrement,
Pour rompre ou faire abaterie,
N'argent à faire le paiement.

L'oppinion d'aucuns fut telle,
Mais ung entr'autres alla dire
Qu'on devait oyr la Pucelle
Pour la conclusion eslire.

Si fut envoyée querre en l'ost,
Et après qu'elle fut venue,
L'en luy raconta aussitost

L'oppinion dessus tenue,

Si dist qu'on ne devoit ce faire,
Exhortant chascun de pener,
Et à l'entreprinse parfaire,
Pour aller le roy couronner.

— Au nom de Dieu, se disoit-elle,
Gentil roy, dens deux jours entrerez
Dans votre ville de Troës belle,
Et par force ou amour l'aurez.

Qu'en seroit, dit le chancelier,
Sur dedens dix, on attendroit;
Mais di rien faire et travailler,
Point d'apparence n'y auroit.

Toutes voyes, après ce langaige,
Tous les Françoys finablement
Prindrent en eulx cueur et couraige
De procéder oultre amplement.

Cela conclud, elle monta
Sur ung beau grant courcier en main,
Et en l'ost si se transporta,
A tout ung baston en sa main.

Y là fist dresser et porter
Tables, fagots, huys et chevrons
Pour faire taudis à getter
Une bombarde et deux canons.

Quant ceulx de la ville de Troyes
Si virent cette diligence,
Ils requisdrent par toutes voyes
Parlamenter et surcéance.

Puis vindrent prendre appointement
Avec le feu roy de France,
En lui rendant entièrement
La ville en son obéissance.

Mais il fut dit que les Angloys
Et gens de guerre s'en iroient
Avecques leurs biens et harnoys,
Et leurs prisonniers emmeneroient.

Ainsi, le lendemain, le roy
Entra en sa ville de Troye,
En belle ordonnance et arroy,
Et là fut receu à grant joye.

Les enfans Noël si crièrent,
Feux et esbaz là furent faitz,
Et lui et ses gens festoièrent,
Dont ils furent trestous refaitz.

Les Angloys vouloient, au partir,
Leurs prisonniers françoys mener,
Mais la Pucelle consentir
N'y voult, ne souffrir emmener.

Elle même vint à la porte,
Es mains des Angloys leur oster,
En leur disant de bonne sorte
Que ne les lairroit transporter.

Les Françoys cy agenouillèrent,
Lui priant qu'elle leur aisdast,
Et sa grâce là implorèrent
Affin que de ce les gardast.

Les Angloys vouldrent soustenir

Que c'estoit grant fraulde et malice
De contre le traicté venir,
Requerant qu'on leur feist justice.

Le roy, qui en sceut la nouvelle,
Si commença à soy sourrire
Du débat et de la querelle,
Et en fut joyeux, à vray dire.

Brief, convint pour les prisonniers,
Qu'il païast aux Angloys content
Tout leur rançon de ses deniers ;
Ainsi chascun si fut content.

Quant les Angloys, selon l'accord,
Eurent leur argent et rançon,
Ilz louèrent le feu roy fort,
L'appellant prince de façon.

Il fut prisé par sa justice,
Qu'il gardoit à ses ennemys,
Et qui avoit lieu en l'exercice
De son ost, tous abus postmis.

Quant en y a qui eussent dit,
Les vilains sont plus que païez,
Saufz s'en voisent sans contredit,
Ou qu'ilz soient pendus ou nayez.

Ha Deu ! ce n'est pas la forme
De gens payer et les guider ;
Aincoys convient à chascun homme
Son droist et la rayson garder.

Puis le roy, le jour ensuivant,
Se mit sur les champs à puissance,

Où ceulx de Chaalons au devant
Luy vindrent faire obéissance.

    L'évesque et bourgeoys l'emmenèrent
Dans la ville honnorablement,
Et, le soir, tous le festoièrent
Moult richement et grandement.

    Le lendemain, vint devant Reims,
Où, quant les bourgoys si le virent,
Comme de joye remplis et plains,
Toutes les portes lui ouvrirent.

    Là fut sacré et couronné
En la manière acoustumée,
Et fut ce jour-là ordonné
A faire chière inestimée.

    L'archevesque, lors chancelier,
Si fist l'office de la messe,
Où avoit des gens ung millier,
Menant grande feste et liesse.

    Les ducs de Bar et de Lorraine,
Commercy et de grans seigneurs,
Vindrent à son service et regne
Eulx offrir et d'autres plusieurs.

    Tous Messeigneurs du sang de France,
Qui furent au couronnement,
Sy acquirent excellence,
Loz et honneur moult largement.

    Aussi les barons, chevaliers,
Nobles qui y vindrent aider,
Cappitaines, gens, escuiers,

En furent à recommander.

Nobles vindrent, jeunes et vieulx,
De tout le royaume de France,
Dont plusieurs si furent joyeulx,
Pour estre en son obéissance (1).

(1) *Les Vigiles de Charles VII*. — Martial de Paris. — Coustelier, 1724, t. II, p. 102.

LE DIT
DU SIÉGE DE MONTEREAU-FAUT-YONNE.
(1437.)

Puis les François le siége misdrent (1)
Devant Montereau sur Yonne,
Où moult vaillament combattirent,
Le roy y estant en personne.

Richemont, La Marche, Dunois (2),
Gaucourt, Poton, Chailly, Giresme,
Et d'autres vaillans chiefs françois
Y firent diligence extresme.

Des deux cotés l'on fit bastille,
Approuches, taudiz, boullevars,
Pour enclore du tout la ville
Et assaillir de toutes parts.

(1) MARTIAL de Paris. *Vigiles du roi Charles VII*, édition Coustelier, page 154.

(2) Arthus de Bretagne, duc de Richemond, connétable de France.—Louis de Bourbon, comte de La Marche, depuis gouverneur de Champagne et de Brie, brave général mort en 1446.—Jean, bâtard d'Orléans, comte de Dunois, le compagnon d'armes de Jeanne de Domremy.—Raoul VI, sire de Gaucourt, intrépide guerrier et bon Français, tué en 1462.—Jean Poton, sire de Saintrailles, l'ami de Lahire, maréchal de France, gouverneur de Château-Thierry.—Denis de Chailly, chambellan de Charles VII, un des héros du siége de Melun, vivant encore en 1455.—Le chevalier de Giresme, brave capitaine, illustré au siége de Provins.

Ceulx de dedans furent sommez
De la dicte ville au roy rendre :
Mais comme mal meus et fumez,
Ils n'y voulurent oncques entendre.

Si furent lors jetées bombardes,
Engins volans, canons, pierriers,
Qui leur faisoient belles vesardes
Et abatoient tours et clochiers.

Les Anglois si fortifièrent
Leurs murailles par bas et hault :
Mais enfin les François gagnèrent
Et prindrent la ville d'assault.

Le roy y estoit en présence,
Dont chascuns se boutoit avant,
Afin de monstrer sa vaillance,
Et entra des premiers dedans.

Les Anglois les Françoys getoient
Du hault des murs dans les fossés;
Mais les aultres y remontoient
Et ung chut, troys redressés.

Si eut quelque cent Anglois lors
A l'assault tués que noyés,
Et autres gens pendus et mors,
Qu'on trouva François regniez.

Ceulx du chastel vouldrent tenir;
Mais quant ils virent la puissance
Et l'artillerie là venir,
Requistrent avoir chevissance...

Si leur fut dit pour le soucy

Qu'ils avoient fait et le tourment,
Que tous se rendroient à mercy
Et n'auroient autre appointement.

Adonc si firent requérir
Le feu roi de miséricorde,
Priant qu'il ne les fit mourir,
Eulx sentant dignes de la corde.

Le roy, par pitié, s'adonna
A cette requeste octroier,
Et chascun là pardonna
Et oultre les fit convoier.

Il ne vouloit pas de vengeance :
Ains son cœur toujours s'adonnoit
D'user de pitié, de clémence,
Dont à la fin bien lui prenoit (1).

(1) Ces vers, faits après la mort de Charles VII, furent donc écrits sans espoir de récompense.

LA CHANSON DES FRANCS TAUPINS.
(1448.)

Un franc taupin, un si bel homme estoit,
Borgne et boiteux pour mieux prendre viset,
Et si avoit un fourreau sans espée,
Mais il avoit les mules au talon,
    Deriron,
      Vignette sur vignon.

Un franc taupin un arc de fresne avoit
Tant vermoulu, la corde renouet.
Sa flesche estoit de papier empennée,
Ferrée au bout d'un ergot de chappon,
    Deriron, etc.

Un franc taupin son testament faisoit
Honnestement dedans le presbytère,
Et si laissa sa femme à son vicaire
Et luy bailla la clef de sa maison,
    Deriron, etc.

Un franc taupin chez un bon homme [estoit:
Pour son disner avoit de la morue.
Il luy a dit : — Jernigoy! je te tue,
Si tu ne fais de la soupe à l'oignon,
    Deriron, etc.

Un franc Taupin de Hénault revenant,
Ses chausses estoient au talon deschirées,

Et si disoit qu'il venoit de l'armée ;
Mais onc n'avoit donné un horion,
　　Deriron, etc.

Un franc taupin en son hostel revint,
Et il trouva là sa femme accouchée :
— Adonc, dit-il, j'ai fait la billevezée !
Depuis un an ne fus en ma maison !
　　Deriron,
　　　Vignette sur vignon (1).

(1) *La Fleur des belles chansons*, 1614, p. 185. — A partir de Charles V, la France eut des armées régulières ; chaque commune dut fournir au roi un archer : ces hommes d'armes reçurent quelques priviléges et franchises, aussi les nommait-on les francs archers. — Charles VII, pour reconquérir son royaume, eut bien des siéges à faire ; en 1448, il créa un corps régulier de mineurs ; comme ils travaillaient sous terre, on les nomma les *taupins* ou *francs taupins*. — Ces soldats, mal payés, peu disciplinés, couraient souvent les campagnes comme des vagabonds et des pillards. Cette chanson les tourne en ridicule ; celui dont elle parle paraît revenir des Ardennes belges. Les guerres de la France contre les ducs de Bourgogne conduisirent souvent nos hommes d'armes aux bords de la Meuse.

RÈGLE DU NOBLE JEU DE PALESTRINE.
(1450.)

En nom de Dieu le glorieux,
Fut trouvé ce jeu gracieux,
Arme portant, en quoy se porte
La croix de Dieu qui tout conforte;
    Jeu pour jouer
      Et ensaigner
        Raison fine
Du noble jeu de palestrine (1).

Item,—qui en l'escolle entrerat
Et révérence ne ferat
A la nonne, au maistre, aux compaignons
    Et aux harnois,
Ung blanc au maistre pairat.

---

(1) Palestrine est le nom d'une des fées qui jouent un rôle dans les romans du XIIIe siècle.—L'association des écoliers de la palestrine paraît remonter au XVe siècle, à cette époque où tout Français, noble ou roturier, dut apprendre le métier des armes pour défendre la patrie.—Cette pièce de vers très-libres est précédée d'un préambule qui révèle nettement le but de l'association.—Il y est dit qu'elle a pour fondateurs une certaine reine Palestrine et Alexandre le Grand. Celui-ci daigne enseigner l'art de l'escrime à un chevalier; puis, quand il l'a reçu maitre, il lui dit : —« Chevalier, ung tel serment me feras sur la croix de l'espée, et me promettras que à tous ceux que enseigneras, autant leur en feras faire, et que toute trahison qui se fera en la ville où ils demoureront et apprendront icelluy jeu, à l'encontre du roy de France, ne seront ne yront, et tout le serment entièrement tiendront, comme Charlemaine, Rollant et Ollivier, sainct Michel, sainct Georges, sainct Christophe, saincte Catherine et plusieurs autres saincts, qui de l'espée faisoient tout ce que faire en vouloient »—Le préambule fait allusion à la croix qui forme la poignée de l'épée.

Item, — tous escolliers, quand le serment
VI. blancs au maistre paieront ; [feront,
Et de l'argent qu'ils devront [mourront.
A la volunté des maistres au surplus en de-

Item,—chacun escollier, quant en deffense
XII. deniers et une paire de gans [passera,
Au maistre, au prévost et à son parin il paira.

Item,—qui entre deux harnois passera,
Ung blanc au maistre paira.

Item,—qui les gants aux dents tirera,
Ung blanc au maistre paira.

Item,—qui les petites cheminses aux deux
Ou relevera, [mains tirera,
Ung blanc au maistre paira.

Item,—qui les braies à l'escolle nomera,
Ung blanc au maistre il paira.

Item,—qui deschaux joura,
Ung blanc au maistre paira.

Item,—qui son bonnet joura,
Ung blanc au maistre paira.

Item,—qui esguillettes en les chausses aura
Et de tout attachiez ne sera,
Ung blanc au maistre paira.

Item,— ung escollier, quant ses deffences
[passera,
Au maistre une espée du jeu il paira.

Item, — qui deshonnestement de femme
Quelle qu'elle soit, ne quel estat, [parlera,
Ung blanc au maistre paira.

Item,—qui son compaignon frappera
Ou dementira,
Douze deniers au maistre paira.

Item,—qui en l'escolle pettera ou ruppera,
　　Ou aultre ordure il fera,
　Douze deniers au maistre paira.

Item,—qui l'espée au pied radressera,
　　Ung blanc paira.

Item,—qui nulles paroles deshonnestes de
　Ung blanc au maistre paira. [aultre dira,

Item,—quiconque Dieu regniera,
Ou la Vierge Marie, ou saincts ou sainctes,
　Dix soulz au maistre paira.

Item,—qui le harnois touchera
　　Sans licence baillée,
　Ung blanc au maistre paira.

Item,—quant l'espée au loueur cherra,
　　Une venue luy vauldra
　Et VI. deniers au maistre paira.

Item, — qui en l'escolle parlera et ensei-
　Quand le maistre montrera,　　[gnera,
Sé par licence du maistre ou du prevost ne
　　Douze deniers paira.　　　　[sera,

Item,—qui aultres harnois à l'escolle appor-
Icelluy harnois à l'escolle demeurera,　[tera,
　Et celuy qui du harnois joura,
　　Ung blanc au maistre paira.

Item,—quiconque escollier qui l'espée rom-
　Et pareillement du bouclier,　　[pera
　　Incontinent la paira.

Item,—qui frappe le rat et le coup regniera,
　Et le maistre le cognoistra,
　Et la compagnie le dira,
　　Ung blanc au maistre il paira.

Item,—qui son compaignon frappé aura
  Et du coup se vantera,
 Ung blanc au maistre il paira.

Item,—quiconque escollier qui le serment
         [fera,
Tous les lundi ung blanc au maistre paira.

 Item,—celui qui le serment fera,
Jurera le Dieu, qui nos fist et forma,
Que bien et léaulment son maistre il paira,
Selon les statuts ;—ja ne défaillera.

 Item,—qui l'espée levera
  Et à un joyaulx joura,
 X deniers sur la croix mettera
  Ou point il ne joura :
Et si aultrement faict, le serment passera.

 Item,—qui l'amende à ung joyau fera,
  En quelque manière que ce soit
  Et que démontré il sera,
  Ung blanc au maistre paira (1).

---

(1) Nous empruntons ce curieux document au *Cabinet historique*, Louis PARIS, tome Ier, page 39.—Il est copié sur un tableau de parchemin possédé par M. l'abbé Querry, à Reims, portant au dos la date de 1576.—Ce n'est qu'une copie d'un règlement rédigé dans le siècle précédent.

LA RONDE DES JUIFS.

(XVe siècle.)

—Vieille rabine (*bis*), savez-vous danser?
    Savez-vous danser?
Du bon tabac vous aurez, si vous savez danser,
    Si vous savez danser.
    —Je ne sais pas danser,   *bis*.
Je ne connais pas la cadence
Du menuet qu'on danse en France.
    Je ne sais pas danser.   *bis*.
    — Ell' ne sait pas danser,   *bis*.
Ell' ne connaît pas la cadence
Du menuet qu'on danse en France!
    Ell' ne sait pas danser!

    — Vieille rabine (*bis*), savez-vous danser?
    Savez-vous danser?
Un beau chapeau vous aurez, si vous savez
    Si vous savez danser.   [danser,
    — Je sais un peu danser.   *bis*.
Je connais un peu la cadence
Du menuet qu'on danse en France.
    Je sais un peu danser.   *bis*.
    — Ell' sait un peu danser,   *bis*.
Ell' connaît un peu la cadence
Du menuet qu'on danse en France!
    Ell' sait un peu danser!   *bis*.

    — Vieille rabine (*bis*), savez-vous danser?

Savez-vous danser ?
Un beau mant'let vous aurez, si vous savez
Si vous savez danser.   [danser,
— Je sais très-bien danser,   bis.
Je connais très-bien la cadence
Du menuet qu'on danse en France.
Je sais très-bien danser.   bis.
— Ell' sait très-bien danser,   bis.
Ell' connaît très-bien la cadence,
Du menuet qu'on danse en France !
Ell' sait très-bien danser (1) !   bis.

(1) Ardennes, collection de M. Nozot. — Cette chanson, qui fut nécessairement remaniée dans les XVIe et XVIIe siècles, nous rappelle gaiment les violentes persécutions dont les juifs furent victimes au Moyen-Age : leur cupidité, leurs habitudes d'usure les rendaient odieux et ridicules dans les provinces formées du démembrement de l'ancienne Austrasie.

JEAN ET PIERRE DU LYS,
FRÈRES DE JEANNE D'ARC.
(1455.)

Jeanne d'Arc, comme un arc céleste,
Dardant ses traits sur les Angloys,
Tira de la tombe funeste
Le glorieux nom des François.

Et ses frères, conduits par elle,
Relevèrent la fleur tant belle
Des lis françois ensevelis.

Le roy, chérissant ces gens d'armes,
Changea leur arc en un beau lis
Et le grava dedans leurs armes (1).

(1) Ces vers sont d'Hannibal de Lortigue. — *Recueil de* Ch. du Lys, p. 57. — Jeanne d'Arc avait trois frères : l'aîné, Jacques, ne la suivit pas ; Jean et Pierre, nés comme elle à Domremy, et par conséquent Champenois, partirent avec elle et prirent part à tous ses exploits. — Leur famille fut anoblie par lettres de Charles VII données à Meun-sur-Yèvre, en Décembre 1429.—Elle reçut le droit de porter des lis dans son nom et dans ses armes, qui, dès lors, consistèrent en un écu au champ d'azur, avec deux fleurs-de-lis d'or et une épée la pointe en haut, férue en une couronne. — Jean du Lys mourut en 1460. — Pierre fut fait chevalier. — A sa requête fut suivi le procès de révision du jugement qui sacrifiait sa sœur à la politique sans cœur de l'Angleterre. La descendance mâle de cette glorieuse famille s'éteignit dans le XVIIe siècle ; elle subsiste encore dans de nombreux rameaux issus des filles de MM. du Lys. — V. *Opuscules sur Jeanne d'Arc*, Vallet de Viriville.

SONNET SUR LE PORTRAIT DE LA PUCELLE.

(1455.)

Celle qu'icy tu vois, ce n'est une amazone,
Encore qu'en valeur au milieu des combats
Ny en chaste courage elle ne cède pas
A celles que plus haut l'antiquité nous sonne ;

Celle qu'icy tu vois, ce n'est une Bellonne,
Encores qu'à la guerre elle marche d'un pas
Non moins délibéré, faisant tomber à bas
Un million de gens, que son glaive moissonne ;

Celle qu'icy tu vois, ce n'est pas de Jupin
La fille, qui sortit de son cerveau divin,
Encores qu'elle soit en pareil équipage :

C'est une pastourelle, à qui la France doit
Sa franchise, et sans qui languiroit en servage
Le François, que son roy trop foible défendoit.

---

(1) *Recueil de* Charles du Lys, p. 58. — Ce sonnet est d'Alexandre d'Anglure, sire de Bazemont — La baronnie d'Anglure près Sézanne était un fief mouvant de l'évéché de Troyes. Son seigneur avait le titre de premier baron de Champagne. — La maison d'Anglure a produit plusieurs hommes distingués.

LE MONUMENT

DE JEANNE DE DOMREMY.

(1458.)

Icy bas ne gist la Pucelle,
Qui conserva le champ du lys :
La terre n'est pas digne de celle
Qui meurt pour sauver son pays (1).

Jacques DORAT, archidiacre de Reims.

La France n'estoit plus que l'ombre de la
[France ;
Son cœur estoit failly, ses membres presque
[morts ;
Il ne nous restoit plus que le nom de ce corps,
Que l'Anglois (estranger !) avoit en sa puissance !

(1) Après la révision du procès de Jeanne, Charles VII, en 1458, fit élever sur le pont d'Orléans un monument en l'honneur de l'immortelle jeune fille. Au centre était la statue de la vierge ; à ses pieds, à droite et à gauche, étaient à genoux Charles VII et Jeanne : ils imploraient de son intercession la délivrance de la patrie. Au-dessous étaient trois pierres destinées à recevoir des inscriptions ; elles les attendaient encore en 1628. C'est alors que Charles du Lys réunit toutes les poésies latines et françaises proposées pour achever le monument. — A ce recueil, publié à Paris en 1628, nous empruntons ces deux pièces d'origine champenoise.

Jeanne de Dompremy, la seule délivrance
Des François asservis, qui dompta les efforts
Des Bretons impétueux, qui regnoient les plus
[forts,
Fait renaître ce corps et lui donne allégeance.

Mais, hélas ! comme elle eust ranimé cet estat,
Elle ressent l'effet d'un meschant attentat,
Innocente, au milieu d'une cruelle flamme.

Ah! Anglois! tu te trompe : elle n'en mourra
[pas :
Il faudroit que la France eust souffert son trespas,
Car la France est son corps, comme Jeanne est
[son âme (1).

(1) J. Legrand, sieur de Briocourt, avocat du roi au présidial de Chaumont en Bassigny. C'est dans le bailliage de Chaumont que se trouve la commune de Domremy. — La fin de ce sonnet rachète la faiblesse du début.

LE MONUMENT DE JEANNE D'ARC.

(1458.)

J'ai rendu maints combats, j'ai chassé les
[Anglois ;
J'ai couronné le roy ; j'ai mis la paix en France ;
L'Anglois m'a fait mourir à Rouen par vengeance :
Martyr, après ma mort m'ont tenu les François.

Le roy, vengeant ma mort, me fist ce monu-
[ment,
Et revoir mon procès pour punir l'arrogance
Des Anglois, qui, bruslans la Camille de France,
Luy ont acquis l'honneur pour prix de ses
[tourments (1).

(1) Ces vers, composés par Adam Campigny, Orléanais, sont tirés du *Recueil de* Charles DU LYS, p. 22.— En 1455, Charles VII fit élever un monument à la mémoire de Jeanne d'Arc, réviser son procès et réhabiliter sa mémoire.

LE BOUTE-SELLE DES BOURGUIGNONS

(1435-1477.)

A cheval, gendarmes !
A pied, Bourguignons !
Patapon !
Allons en Champagne :
Les avoines y sont.
Y courons (1) !

(1) Ce couplet, que j'ai recueilli à Reims, se chante en faisant danser un enfant à cheval sur les genoux. Il date probablement des guerres des ducs de Bourgogne contre les rois de France, auxquels la Champagne appartenait. Cette province les séparait des villes de la Somme, que Charles VII avait remises à Philippe le Bon, en 1435.

LA DÉCADENCE DE LANGRES.

(1482.)

O Lengres cité,
Tu as bien esté
En prospérité
Longtemps maintenue !
Or est ta beaulté,
Ta formosité
En calamité
Cheulte et devenue !
L'estat mondain toujours se mue.
    Soit noblesse,
    Soit richesse,
    Soit lyesse,
    Tout décline
    Et vous lesse.
    De haultesse
    Tantost cesse,
    Tantost fine
    Le plus digne.
    Par ruyne,
Souvent pert joye et doulceur.
    C'est ung signe,
    Qui assigne
Qu'en ce monde n'a rien sceur (1).

---

(1) *La Vie et Passion de saint Didier, évêque de Langres,* par Nicolas FLAMENG.—Carnandet, 1855, page 8.—Cette complainte n'était-elle pas une allusion à la modeste position de la ville de Langres au XVe siècle ? Bâtie, suivant quelques légendes, peu de temps après le déluge, capitale des Lingons, ville importante sous la domination romaine, elle avait été couverte d'édifices splendides. Brûlée par les

BALLADE

QUAND ON CRIA LA PAIX A REIMS.
(1482.)

Vous, esperitz et vertueux courages,
Plaisans, honnestes, loyaux et pacifiques,
Saillez acop de voz nobles bernages,
Engins subtilz, caultz et scientificques,
Et regardés les euvres deïficques
Dont Dieu nous a si grandement doez
Que tous noz deulz sont aujourd'huy muez
En joyes, en chantz, en plaisirs et en jeuz,
Par ces trois Dames, lesquelles cy voyez :
C'est France et Flandre, et la Paix entre deux.

Huns et les Vandales, sortie de ses ruines, elle traversa noblement le Moyen-Age sous ses seigneurs particuliers, et cessa de jouer un rôle important quand prit fin le comté de Champagne.—Sa cathédrale était dédiée à saint Mammès. Devant le maître-autel était un tombeau de bronze sous lequel reposaient, dit la légende, les compagnons de Daniel. Leur épitaphe était ainsi conçue :

> Sub hoc sarcophago
> Jacent Sidrac, Misac et Abdenago,
> Quos rex Persarum Zenonas
> Jussit ire Lingonas
> Ad defendendos dæmonas.

En 1621, elle était ainsi rédigée :

> In hoc jacent sarcophago
> Sidrac, Misac, Abdenago,
> Igne usti ut pelago,
> Quos rex Persarum Zenonas
> Transferri jussit Lingonas,
> Ad effugandum dæmonas.

Ces reliques auraient été apportées de Constantinople en 490, sous le règne de l'empereur Zénon.

Vouloir divin a conduit ces ouvrages ;
Par luy sont faitz ces euvres mirificques ;
Du ciel sont cheues ces plaisantes ymages,
Doulx maintiens humains et angeliques.
Ne sont ce pas précieuses relicques ?
Pensez que ouy ; ainsi fault que croyez.
Et pource, enfans, soyez tous envoyez
De rendre loz au Dieu celestieulx,
Pour ces trois corps qui vous sont envoyez :
C'est France et Flandre, et la Paix entre deux.

Tremblez acop, envenimez langaiges,
Cueurs desloyaulx et gens dyabolicques,
Pervers, maulditz, plains de crueulx oul-
            [traiges ;
Ne descordez à ces joyeux cantiques.
Muer vous fault vos lances et vos picques,
Et que d'armeures vous soyez desarmez,
Affin que mieulx ceste paix advoez,
Et que de cueurs loyaulx et vertueux
Vons maintenez tousjours ces pointz liez :
C'est France et Flandre, et la Paix entre deux.

Prince françoys, tes faitz gloriffiez
Nous gratulons d'ung desir convoiteux,
Puis que ces trois ensemble aliez :
C'est France et Flandre, et la Paix entre
            [deux (1).

(1) Louis XI n'avait pu marier son fils Charles à Marie de Bourgogne : en 1477, elle avait épousé Maximilien, archiduc d'Autriche, et la rivalité des maisons de France et de Bourgogne continua au grand préjudice de la Champagne, dont elle tuait le commerce. En 1482, un traité de paix fut cependant conclu entre les deux puissances. La joie fut grande, des fêtes eurent lieu à Reims. G. Coquillart fit ces vers pour expliquer, sans doute, une allégorie à personnages posée sur un échafaud.

LE DIT DU SACRE DE CHARLES VIII.

(30 Mai 1484.)

Nostre roy, prince et souverain seigneur,
Treschrestien nommé par excellence,
A qui est deue gloire, louenge, honneur,
Subgection, amour et reverence,
Vostre cyté de Reims obeyssance
Vous faict par moy, qui cy la represente,
Et de franc cueur, en vraye confidence,
Les clefz des portes humblement vous
[presente.

Roy très puissant, mon souverain seigneur,
Reims tresancienne, par grande humilité,
Son cueur vous ouvre par excellent honneur,
Vous promettant garder fidelité (1).

---

(1) Quand Charles VIII vint se faire sacrer à Reims, il trouva à la porte de la ville une jeune et jolie fille, de la famille Moët, vêtue d'une robe bleue semée de fleurs-de-lis d'or, qui lui offrit les clefs de la cité en lui disant ces vers. — Un peu plus loin, était la fontaine de jouvence, désignée par ce quatrain :

    C'est la fontaine de jouvent,
    Où les vieux se baignent souvent,
    Dont rajeunissent aussy beaux
    Comme sont jeunes jouvenceaux.

Cérémonial françois, GODEFROY, t. I, p. 187.

LE SACRE

DU TRÈS CHRESTIEN ROY DE FRANCE
CHARLES, HUITIESME DU NOM.
(1484.)

Cy pouvez veoir par ordonnance
Comme l'archevesque de Rains
A du roy sacrer la puissance
Et l'office des pers humains.

Mon joye sainct Denys!

LE ROY.

Bien doy de cœur louange rendre
A Dieu, mon parfait créateur,
Quand dessus moy a fait descendre
Grace, dont je voy la teneur
Des douze pers, qui en Seigneur
Sont à mon sacre bien propice,
Faisans, comme à leur cher seigneur,
Chacun à droit le sien office.

LE DUC ET ARCHEVESQUE DE RAINS.

Moy, archevesque souverains,
Touchant aux douze pers de France,
Ainsi que doit le duc de Rains
Du roy sacrer, et en substance
C'est le mien droit, et ordonnance,
Et après le couronner.

De ce faire j'ay la puissance :
A ce m'ont voulu ordonner.

LE DUC DE BOURGONGNE.

Moy, qui suys le duc de Bourgogne
Et doyen des pers en arroy,
C'est ma souveraine besogne,
Au notable sacre du roy,
Que de porter sans nul desroy
Sa couronne puissante et riche :
Son espée ceindre luy doy
Et fay porter ; c'est mon service.

L'EVESQUE DE LAON.

Moy, évesque de Laon et duc,
De la sainte ampoulle porter,
Au sacre du roy, suis tenu :
De ce ne m'en puis déporter.
Je m'en veux très bien rapporter
A mes bons frères en substance,
Que chacun de nous, comme per,
A son service ou ordonnance,

LE DUC DE NORMANDIE.

Moy, qui suis duc de Normandie,
Au sacre du roy, par manière,
Je porte, quoyque nul en die,
Au roy la première bannière,
En monstrant en fais et en chière
Que j'avanturerois mon sang
Pour nostre foy juste et entière,
Et pour le royaume estre franc.

L'ÉVESQUE DE LANGRES.

Moy, évesque et duc de Langres,

Au sacre du roy très chrestien,
De France moy gardant d'esclandre,
Son noble sceptre en moyen
Je doy porter sans nul moyen.
Humblement suis tenu de faire
Et de ce je m'accorde bien :
Garder je me veuïl de méfaire.

LE DUC DE GUYENNE.

Moy, qui suis le duc de Guyenne,
Porte la bannière seconde,
Au sacre du roy, c'est enseigne.
A mon service je my fonde.
Mieux voudrois en chartre profonde
Mourir, que fusse reprouvé
De cœur desloyal en ce monde,
Contre le roy ne ses privez.

L'ÉVESQUE ET COMTE DE BEAUVAIS.

Moy, comte évesque de Beauvais,
La cotte d'armes pour mestier,
Au sacre du roy, par beaux fais,
A celuy jour je doy porter ;
A ce m'ont voulu ordonner :
C'est mon office espécial ;
Autre ne me pourroit trouver,
Fors que bon per juste et loyal.

LE COMTE DE CHAMPAIGNE.

Moy, qui suis comte de Champaigne,
Au sacre du roy, pour ma part,
Je supporte la seure enseigne
Du roy, qui est un estendart :
D'espée, de lance ou de dart

Aymerois bien mieux estre mort,
Que je fusse trouvé couart
Au sang royal ne son effort.

L'ÉVESQUE ET COMTE DE CHALONS.

Moy, qui suis comte de Chalon
Et évesque, c'est mon droit fait,
Au sacre du roy, c'est raison,
Au roy je porte son signet.
Mieux aymerois estre deffait
Qu'à mon vray seigneur naturel,
J'eusse contre luy rien forfait
Fors que loyal; mon cœur est tel.

LE COMTE DE FLANDRE.

Moy, qui suis de Flandres le comte,
C'est mon droit de porter l'espée
Au sacre du roy : pour vray compte,
Ma terre est à ce ordonnée,
Et ma puissance abandonnée
Devers mon droicturier seigneur ;
Vie pour luy advanturée,
Car c'est mon parfait enseigneur.

L'ÉVESQUE ET COMTE DE NOYON.

Moy, comte évesque de Noyon,
Au sacre du roy, par droiture,
Porter je dois par action
Devant luy la belle ceinture.
C'est pour moy notable figure
Et me sert à certain propos,
Démonstrant par voye sécure
S'il est ceint de biens et enclos.

LE COMTE DE TOULOUSE.

Moy, qui suis comte et per de France,
De Toulouse par droit nommé,
Au sacre du roy, en substance,
Son serviteur suis renommé,
Portant ses esperons dorez.
C'est mon office, je l'afferme ;
A ce faire suis ordonnez :
C'est de mon tiltre le droit terme (1).

---

(1) *Cérémonial françois*, GODEFROY, t. I.— Ce dit paraît être l'explication des figures qui décoraient le tombeau de saint Remi bâti en 1531, sous le règne de Charles VIII. Les pairies ecclésiastiques seules existaient. — Les pairs laïques étaient représentés par les princes du sang et les grands officiers de la couronne.

LE DICT D'EVE A NOBLESSE.

(1484.)

Adam fut faict et formé gentilhomme,
Et moy aussi ; mais tantost fut deceû
Le bon Adam, quand luy donnay la pomme ;
Et par nous fut mortel péché conceû.
Villains alors nous a Dieu apperceu :
Donq si la paste ensemble le levain
Villain fut, si sera tout le pain.

Quoyqu'un gentil ou noble face bruit,
Par ce vaisseau, qu'on dit feminin sexe,
Et par le monds descendus d'un seul fruict,
Sont tous isssus et vilains et noblesse.
Sans transgresser ne fust que gentillesse :
Par offenser est venu vilenie :
Tout vilain cœur gentillesse défuit.

Authorité, grand richesse ou office
Font-ils gentiz? ou génération?
Certes, nenni.—Mais vertu faict sans vice
L'homme gentil, non pas complexion.
Et a le cœur de noble intention
En tous ses faicts; mais faictes vostre compte :
Qui aime l'honneur, craint vilenie et honte.

Tous hommes ont en moy, mère première,
Leur estre pris, et gentils et vilains :
Car forgez sont d'une mesme matière,

Et ont le corps, teste, jambes, pieds, mains,
Tous d'un métal : mais les bons et humains
Remplis de sens et d'honneur, qui les haulse,
Les faict gentilz, et vertu les exhaulse.

Donq par vertu est la noblesse acquise,
Qui ne se peult aux parens transférer.
Ains fault qu'ils soient vertueux, par telle
[guise
Qu'ils ne soient veuz de vertu s'eslongner.
Et ne peult-on proprement inférer
Qu'un prince, duc, ou roy portant couronne
Soit vil en faict, et noble de personne.

Un homme pense estre formé de corps
Et tout bien faict et de membres et de face.
Qu'il est gentil à le veoir par dehors :
Mais il ne peult, quelque chose qu'il face,
Los recevoir par son corps, s'il n'efface
Vice vilain, qui noblesse diffame,
Et s'il n'ensuit les grandes vertus de l'ame.

Gentillesse est une noble vertu,
Qui ne s'engendre en l'homme par nature.
Mais un gentil, de vertus revestu,
De l'âme vient, non pas de géniture.
Donq gentillesse en humaine facture
Ne peult corrompre ou estre corrompue,
Quand elle prend de vertu sa repue.

Qui est gentil, ne peut estre vilain :
Qui est vilain, n'est pas dict gentilhomme.
Mais un gentil, qui a le cœur humain,
N'est plus gentil ; car noblesse consome.
Il est vilain, quoyque gentil se nomme,
Maulgré ses biens, offices ou prélature,

Qui contre Dieu offence créature.

   Conclusion. Tout homme vertueux
Ou par le corps, quand l'âme n'est maistresse,
A des richesses et vile gentillesse
Qui contre Dieu et raison faict oultrage.
Elle est vilaine et de vilain courage :
Est-il gentil qui cheval esperonne,
Ou cil qui son asne tallonne?
Je ne veux pas de ce rendre sentence :
La fin de tout est vraye expérience (1).

(1) Collection de M. l'abbé Cerf.—Le manuscrit qui contient ces vers, propriété de P. Pelletier en 1612, appartient maintenant à la ville de Reims.—Nous pensons que ces couplets sont du XV° siècle, et qu'ils peuvent avoir été faits au plus tard à l'occasion des états généraux de 1484.—Ils prouvent qu'en Champagne, on n'avait pas besoin de révolutions sanglantes pour faire comprendre à chacun ses droits et ses devoirs.—Au milieu de la dernière strophe, dont le début nous paraît altéré, se trouve intercalée cette sentence : *Exaltat virtus, nobilitatque viros.*—Voyez, sur les états généraux de 1484, les ballades de G. Coquillart, que nous avons publiées dans notre édition de ses œuvres.

LA CHANSON
DE LA FONTAINE DE CHAMPAGNE.
(Mai 1486.)

Je suis de Champagne fontaine,
Qui arrouse tout le pays
Environné de l'eau de Seine :
Je suis l'un des membres du lys.

Trois sommes, en un nos cœurs unis,
Rendant douceurs par nos mamelles,
Sans penser mal, mais bons délicts ;
Car trois sommes bonnes pucelles.

LA CHANSON DE L'ARBRE DE SAINT LOUIS.

Cet arbre icy nous signifie
Trestous les roys qui ont esté
Procréés de la lignée
De sainct Louys en vérité.

C'estoit un roy de charité,
Comme il appert par sa légende :
Il tint justice et équité,
Ainsi que Dieu le dit et mande. (1).

(1) *Cérémonial françois*, GODEFROY, t. I, p. 678.—Quand Charles VIII fit son entrée à Troyes, il vit, place du Marché, un échafaud portant une fontaine composée de trois jeunes filles : leurs mamelles donnaient du vin de trois couleurs. Au-dessus étaient des musiciens. Le tout était entouré de draperies d'azur semées de fleurs-de-lis d'or, et surmonté de l'écu de France couronné... Cette allégorie était expliquée par les premiers couplets.— Plus loin, était une statue de saint Louis à l'ombre d'un arbre chargé de fleurs. Dans chacune d'elles était une figurine représentant l'un des descendants du saint roi. — Les derniers couplets expliquaient ce sujet.

LE DIT DU SACRE DE LOUIS XII.

(1498).

Sur un échafaud était la statue de Charles V, entourée de six figures représentant : Noblesse, Humanité, Richesse, Libéralité, Puissance et Fidélité. Un tableau portait ces vers :

> Par Noblesse, Humanité,
> Richesse, Libéralité,
> Puissance, aussi Fidélité,
> Le chief parvient à la couronne,
> Qui procède d'antiquité
> De Charles quint par dignité.
> A sa sacrée majesté
> Couronne et sceptre on abandonne (1).

Plus loin, on voyait des ménétriers qui jouaient des airs joyeux. Au milieu d'eux étaient Bon Temps, Paix, Peuple Françoys, Resjouissance et le Bon Pasteur (Louis XII). Cette allégorie s'expliquait ainsi :

> Je suis Déhait menant Resjouissance
> A la venue du Bon Pasteur de France :
> Paix et Bontemps il entretient au monde.

(1) Nous n'avons pas trouvé les poésies composées à Reims pour le sacre de Louis le Père du peuple : celles-ci sont l'œuvre de Parisiens, quand ils le reçurent à son retour de Reims. — Ces huit rimes sont une consécration du dogme de la légitimité. Avec Charles VIII finissait la première maison de Valois. — Louis XII, descendant de Charles V, était le chef de la seconde.

Honneur, louange, triumphe en lui abonde.
Dieu le préserve de mal et de souffrance !

Plus loin, une jeune fille menait un cerf volant bardé de gueules, semé de L. L. d'or couronnées et de soleils renfermant sur un champ d'azur une fleur-de-lis d'or. Au col du cerf pendait l'écu de France surmonté d'une couronne. La jeune fille dit au roi :

A vostre venue excellente,
Le cerf volant je vous présente,
Affin que la ville desserve
Vostre amour : à vous se rend serve (1)
Et de tous biens obédiente.

Devant le palais, on voyait les armes de France ayant pour support deux cerfs ailés. Dessous étaient un porc-épic (2) et les armes de Milan (3), avec ce quatrain :

Salut, honneur et révérence,
Au roy Louys le bien aimé,
Douziesme de ce nom clamé
Par éternelle Providence.

(1) Jeu de mots : *cerf* et *serf*. — Le cerf-volant était l'emblème de Charles VIII.
(2) Emblème de Louis XII.
(3) Le peuple n'avait pas oublié la beauté, les malheurs et la vertu de Valentine de Milan, femme de Louis d'Orléans, assassiné en 1407, aïeule de Louis XII. C'est de son chef qu'il avait des droits sur le Milanais.

L'ARDENNAISE.

(1521.)

Branlez vos piques, soldats!
A cheval, tost, mes gens d'armes!
Boutez feu en tous les parts!
Branlez vos piques, soldats!
Qu'on se mette tous en armes!
A cheval, tost, mes gens d'armes!

Allons donner les alarmes,
Au camp de nos ennemis!
Enflez vos cœurs, mes amis!
L'ennemi trop fait l'horrible:
Que d'une fureur terrible
Soit à sac au plus tost mis!

Qu'il n'en demeure un seulement!
Dequel honneur cette victoire
Enrichira notre mémoire!
Sus donc! prions le Sauveur
Nous donner telle faveur!
Que tout soit fait à sa gloire (1)!

(1) Ardennes. — Collection de M. Collin. — M. L. de Lincy a publié cette chanson avec un couplet de plus : il la croit faite à l'occasion de la bataille de Renty, gagnée en 1554 par Henri II sur Charles Quint.—Comme, telle que nous la donnons, elle est encore chantée par les bûcherons des Ardennes, nous la croyons composée lorsqu'en 1521 les Impériaux ravagèrent cette contrée avant le siége de Mézières.

LES IMPÉRIAUX DANS LES ARDENNES.
(1521.)

Mézières limitrophe est assise sur Meuse (1),
Huit mille souz Sedan, ville encore fameuse
Par le cam qu'endura d'un courageux soucy
Le généreux Bayard et ce Montmorency (2),
Lequel, durant le siége, accorda la rencontre
D'un coup de lance aux champs d'Egmont (3)
[courant contre,
Egmont avec d'Estain (4), et Francisque ve-
[nant (5)
Accompagner Félix (6) et Nassau (7) lieutenant
De Charles l'empereur (8), entournants ceste
[ville,

---

(1) *La Renommée*, Ch. de Navières, 1571. — En 1521, le comte de Nassau, avec les Impériaux, envahit et ravagea les Ardennes et y commit d'odieuses violences. V. les chansons suivantes.

(2) Anne de Montmorency, depuis connétable, alors âgé de vingt-quatre ans, montra, sous les ordres de Bayard, la plus grande valeur.

(3) Jean IV, comte d'Egmont, mort en 1528. Bayard, pour gagner du temps et laisser à l'armée royale le temps d'arriver, autorisa plusieurs combats singuliers.

(4) Le comte d'Estaing, adversaire du comte d'Egmont.

(5) François de Sickengen, général allemand.

(6) Nom d'un général allemand.

(7) Le comte de Nassau, général en chef de l'armée impériale.

(8) Charles Quint.

Après avoir gaigné par force Floranville,
Floranges, Messancourt, Longnes et le Saissy
Sur le duc de Bouillon (1), Bouillon gaigné aussy,
Où les victorieux tellement se portèrent
Que les prisonniers vifs au feu précipitèrent,
Mesme devant l'autel osant, les inhumains,
Au sang de la vieillesse ensanglanter leurs
[mains.

(1) Robert II, comte de la Marck, duc de Bouillon, seigneur de Sedan, ne put, avec ses seuls vassaux, empêcher la dévastation des Ardennes.

LA CHANSON DU SIÉGE DE MOUZON (1).

(1521.)

Cheval fauveau, au pied blanc, demy mort,
Fut à Mouzon aveugle, sans voir goutte :
Honte le suyt, qui le pique et le mord
Comme vieillard efféminé par goutte (2).

Bayard hanist et demande la joutte (3).
Bourgogne fuyt: boutefeux ont eu cours.
Lorrayne dort: Escosse est en escoute.
Allemands ont peur ; Metz les assauts redoute.

---

(1) *Chansons historiques.* L. de LINCY. — L'armée impériale envahit les Ardennes, et ravagea par le fer et le feu tous les villages sans défense. Elle se présenta devant Mouzon. Le sire de Montmor, gouverneur de la place, ne résista pas longtemps. Il fut accusé de trahison pour avoir rendu la place trop tôt, mais, depuis, il se justifia complètement. C'est de Mouzon que les Impériaux marchèrent sur Mézières. Bayard n'eut que le temps de s'y jeter avec quelques troupes.

(2) Le cheval fauveau doit être le sire de Montmor.

(3) Allusion au cheval des quatre fils Aymon, princes des Ardennes.

LA CHANSON

DES BOURGEOIS DE MÉZIÈRES

AU COMTE DE NASSAU ET A SES GENS.

(1521).

Comte Nansot, Felix, Francisque (1);
Qui cuydés user de finesse,
Faulse nacion trop inique,
Comment avez la hardiesse
Contrevenir au roi Francisque (2) ?
A dit, par foy de gentilesse,
Puis qu'à luy vouliez avoir picque,
Qu'il se vengeroit par rudesse.

Vous avez bruslé des villaiges,

---

(1) L'armée impériale, forte de 60,000 hommes, commandée par le comte de Nassau et le comte François de Sickengen, après avoir ravagé les Ardennes, vint mettre le siége devant Mézières. Ce dernier avait assiégé Metz en 1518, et voici ce qu'en dit la chronique rimée de cette ville :

> Ce gentilhomme fort ou foible
> N'estoit gentilhomme ne noible.
> Quatre .O. portoit en son escu,
> Sans non ne tiltre que Franciscus.

Quoi qu'il en soit, Bayard n'avait eu que le temps de se renfermer dans Mézières avec une poignée de braves.

(2) François Ier brûlait de venger l'injure faite à la France ; mais il fallut attendre qu'on eût réuni une armée de force à repousser l'invasion.

Qu'à vous fut grande villenie ;
C'estoyent voz nutritifz passaiges
Pour venir en France jolie
Querir méracieux bruvaiges (1),
Des quelz vous faisiez chère lye.
Fustes plus sotz qu'oiseaux vollaiges
D'avoir commis ceste folie.

Lors disiez que le roi couvoit,
Puisqu'il ne venoit en défense :
En son noble cueur concevoit
La vostre folle oultrecuidance.
Contre vous guerre ne mouvoit,
De sa foy n'avoit oubliance (2).
Quant a congneu qu'on le grévoit,
C'est venu venger de l'offense.

Vous veniez par une couverte
Comencer La Marche assaillir (3) ;
Avoit encoires la main verte :
Contre vous ne vouloit faillir.
Vostre pensée fut ouverte
Dedans Mouzon, et au saillir,
Toute trahison fut aperte (4) ;
Vérité ne peult défaillir.

Combien que fussiés grosse armée,

---

(1) Les vins de Champagne. France la jolie a des raisins qui tentent toujours l'étranger, comme nous le verrons encore.

(2) Les Allemands comparaient François 1ᵉʳ à une poule qui couve ses œufs et qui n'ose pas se déranger.

(3) Le comte Robert de la Mark.

(4) V. ci-avant la *Chanson de Mouzon*.

Gantoys, Hespagnoltz, Bourguygnons (1),
Guerre de paysans amassée,
Lancequenetz et Brodions,
Hennoyers, coupeurs de ramée,
Vous ne valiez pas deux ougnons ;
Car vostre avant-garde affamée
En vain gecta tous ses canons.

Vous ne vouliez aucun dommaige
Au royaume de France faire ;
Sembloit à vostre doulx langaige
Que n'estiez motifs de l'affaire.
D'un faulx mauvais traistre couraige
Vous avez faict tout le contraire :
L'on se vengera du dommaige,
Et l'on se vueilt comme vous faire.

Après que vostre aigle trop fière
Eut batu l'air sans povoir prandre
La nostre petite Mézière,
Craingnant moult fort la salamandre (2),
Elle s'envolla par derrière,
Cuydant à Saint-Quentin descendre :
Le blanc lyon de sa griffière (3)
Luy feit bien ses ailles descendre

(1) Les armées de Charles Quint étaient composées de plusieurs races d'hommes.

(2) Emblème de François Ier, comme l'aigle était celui de Charles Quint.

(3) Le lion blanc est l'opposé du lion de sable des comtes de Flandre que Charles Quint représentait, ou du lion d'azur du comte de Nassau.

CHANSON

DE LA FOLLE ENTREPRISE DES HENOYERS DEVANT MÉZIÈRES.

(1521.)

Les Henoyers (1), remplis d'oultrecuydance,
Se sont enjoinctz avec les Flamans,
Pour venir faire le vendenger en France (2);
Se sont partiz à tout grosse puissance,
Tant Barbansons, Namurois, Allemans.
Mais les dronquars, godailliers ignorans,
Du boys tortu n'ont point gousté le fruict.
Sur Henoyers les Françoys ont le bruist (3).

Ces quenteleurs ont fait plusieurs efforts
Devant Mézières sans lui livrer assault,
Disant ensemble : Nous sommes les plus fors !
Mais aux portes sont venus les Françoys,
Sont rués jus et mortz; le cueur leur fault;
Mais ung Bayart leur fist franchir leur sault,

---

(1) *Henoyers, Hanoyers, Hanotins* : ce sont les gens du Hainaut, du pays de Liége; par leur pays passent les armées étrangères qui envahissent les Ardennes. Le Hainaut appartenait à Charles Quint, comme successeur des ducs de Bourgogne.

(2) Toujours les raisins de Champagne !

(3) *Bruist* signifie ici *renom, supériorité.*

Car devant luy toute l'armée s'enfuyt (1).
Sur Henoyers les Françoys ont le bruist.

Ils ont cherchez et ne scavent trouver
Le cueur du roy très-chrestien Françoys.
Par leur follie ils avoient mis couveir (2)
Picquars, Normans, Beauvoisins et Françoys
Qui sont esclotz drus, puissans, prins au choix,
Desquelz de bref Hénault sera destruict.
Sur Henoyers les Françoys ont le bruist.

Povre Hénault, regardez à Bapaulme (3),
A Landrecy et Quesnay-le-Conte,
Qui sont boutez à feu et flamme,
Et n'y habite ne beste, homme ne femme.
Il semble à veoir que vous n'en faictes conte ;
Vous devriez avoir au cœur grand honte ;
Vous enfuyés, et l'armée vous suyt.
Sur Henoyers les Françoys ont le bruist.

Sotz Henotins, laxatiques, droncquars,
Vous estes dignes que l'on vous maine paistre.
Ne craindés vous ne Françoys ne Picars ?
N'estes vous pas bien glorieux coquars,
De vous jouer ainsy à vostre maistre,

---

(1) L'armée impériale assiégeait Mézières de deux côtés : Bayard fit avec adresse tomber entre les mains de François de Sickengen une lettre qui lui fit croire que le comte de Nassau voulait se laisser écraser par les Français. Sickengen décampa brusquement et perdit beaucoup de monde en cette occasion.

(2) Allusion à la plaisanterie des Allemands qui avaient comparé l'immobilité de François Ier à celle d'une poule couveuse.

(3) Suites de la guerre en Hainaut et en Flandre, territoire de l'empire.

Qui à puissance de vous tous à mort mettre
Et de voz biens prandre ce qu'il luy duyt (1)?
Sur Henoyers les Françoys ont le bruist.

Marchez, truans, le passaige est ouvert;
Venez en France pour requérir vos veaulx;
Vostre grand orgueil est assez découvert,
Povres sotars, vous estes prins sans vert (2).
Nus et bastuz, on vous fera la moue;
Tout est perdu, le roy de vous se joue;
Pour reconfort tout le peuple s'en rit.
Sur Hanotins les Françoys ont le bruist.

Où est vostre prince, qui estoit si vaillant?
Je croy qu'il couve des sots à la fumée (3).
Il est allé faire son ny à Gand (4).
O quel honneur pour prince sy puissant
D'abandonner de sy loing son armée!
Il a rayson, car il craint la trouvée
Du bon Françoys dont tout honneur reluist.
Sus, Hanotins! les Françoys ont le bruist.

(1) Cette attaque contre le gouvernement absolu de Charles Quint laisse clairement entendre que la modération, la liberté et la loi régnaient en France.

(2) Allusion à un jeu du premier Mai : on mettait à l'amende quiconque n'avait pas sur lui une feuille verte.

(3) Plaisanterie répétée.

(4) Charles Quint voulait faire de Gand une grande ville; il y était né.

LA CHANSON
DES BOURGEOIS DE MÉZIÈRES
AUX BONS CAPITAINES PROTECTEURS DUDIT MÉZIÈRES.
(1521.)

Dieu doit honneur et longue vie
Aux bons protecteurs de Mézière (1),
Qu'ils nous ont saulvé notre vie
Tant par devant que par derrière.
Ceux qui sur nous avoient envie
Ont trouvé si forte barrière,
Que, maulgré leur dens et leur vie,
Furent contraincts courir arrière.

On doibt bien avoir souvenance
De Bayart (2), Montmoreau (3), Boucart (4),

(1) Le siége commença le 30 Août 1521; il dura six semaines.

(2) Pierre du Terrail, le chevalier Bayard, le chevalier sans peur et sans reproche, s'était mis dans la place avec quelques braves gentilshommes, tels que Montpezat, Flamarens, d'Annebault, Jean de Duras, Nicolas de Touars, le vicomte de Sailly. Les princes de Clèves, comtes de Rethel, s'y étaient renfermés avec une poignée d'Ardennais.—Les bourgeois de la ville prirent les armes.—Bayard électrisait toute la ville par son courage et son énergie. Sommé de se rendre, il avait répondu : « Devant qu'on m'aye parlé de sortir d'une ville que le roy m'a remise en charge, j'espère me dresser un pont de corps morts de ses ennemis, par dessus lequel je pourrai sortir. »—Quand les Impériaux surent que Pierre du Terrail était dans la place, l'un d'eux dit : « J'aimerais mieux qu'il y eut deux mille hommes de plus et Bayard de moins. »

(3) Le sire de Montmoreau amena 1,000 hommes d'infanterie.

(4) Le capitaine Boucart était de la maison du Refuge en Bretagne.

Larochepot (1), et leur vaillance.
Bayart mordoit comme ung liepart (2);
Moreau rua trop par oultrance (3),
Lorge (4) secourt, confort Boucart.
Sans eulx le royaume de France
Estoit en danger d'ung bon quart (5).

L'aigle ne sceut pas enfronter
Rochepot plus forte que pierre (6).
Nansot ne l'oza confronter (7);
Maulevrier la breche tint serre (8).
Tous ensemble feirent troter
Les faulx Henouyers de grand erre.
Le roi les commanda froter
A Bapaulme, dedans leur terre (9).

Et faut il mettre en oubliance

(1) Le capitaine de la Rochepot amena 50 hommes; à leur tête, il fit une sortie sanglante.

(2) Allusion au cheval des quatre fils Aymon.

(3) Moreau, cheval noir de Robert de la Mark.

(4) Le comte de Lorge accepta un cartel envoyé par les Impériaux, et tua en combat singulier le comte de Vaudrey, le beau Vaudrey, chevalier bourguignon.

(5) Si l'on eût pris la ville, la Champagne était perdue. L'armée royale, commandée par le connétable de Bourbon, qui depuis... mais alors il était bon Français, par les ducs de Vendôme et d'Alençon, eut le temps d'arriver, et devant elle l'ennemi se retira honteusement.

(6-7) Le comte de Nassau, dont le nom est tourné en ridicule, recula devant la sortie conduite par M. de la Rochepot.

(8) Louis de Brezé, comte de Maulevrier, grand-veneur de France, mort en 1531, mari de Diane de Poitiers.

(9) La levée du siége de Mézières sauva la Champagne. L'armée de délivrance continua sa marche vers la frontière, et campa bientôt à Fervaque. Le roi et Bayard s'y rendirent, reprirent Mouzon en passant, et envahirent le Hainaut, où la guerre se continua.

L'ardent et furieux couraige
Qu'avoit d'iceulx toute aliance ?
Piéton francoys disoit : —J'enraige
Que nous ne marchons en deffense.
Brief n'y avoit pas le bagaige
Qu'il ne voulsist mourir pour France,
Combien que soit ung dur passaige.

  O très chrétien roy de France,
Si vous sçaviez l'ardent désir
De batailler, et la vaillance,
Les labeurs qu'ont voulu saisir
Vos bons adventuriers de France,
Tant qu'il en a fallu gésir,
Leur donriez quelque récompense,
Si c'estoit vostre bon plaisir (1) !

(1) Cette chanson parait composée par un des défenseurs de Mézières.

CHANSON

DES REGRETS DU COMTE DE NASSAU D'AVOIR

FAILLI A SON ENTREPRISE DEVANT MÉZIÈRES.

(1521.)

Ung vendredy, quatre heures après midy (1),
Pour assiéger Maizières fis mon approche ;
Et si estois d'artillerie fourny
Pour la bien battre et y prendre ma proye.
Mais un Bayart, qui dedans y estoit,
M'a bien gardé de l'approcher si près.
    Dans ma tristesse,
     L'amy, fault que laisse
     En grande angoisse
  Ce que j'avoys entreprins,
     Et ne pourrois
     Trouver la voie
     Que me connois.

  Pour entrer dedans Maizières,
  Ung mois je fus devant la ville,
  Avec moy bien LXVI mille,
Dont de Mercy avoit une partie.
Félix estoit auprès de la rivière,
Qui regardoit la manière comment

---

(1) Ce fragment de chanson bien altérée est tiré de la *Chronique de Champagne*, t. IV, p. 88.

Comte Francisque et ses Allemans
            Pourroient entrer
            Sans reculer
            Et approcher
    La ville que tant désiroit ;
            Mais un boucquart
            Fier du lieu part,
            Tenant son dard,
    De ces murs a bien garde.

    Et le dimanche que fist l'artillerie (1)
Tirer après une tour si jolye ?
Promis avoit juré sur ma foy
Que le mardi irois à.......
Dedans Maizières pour y prendre un banquet.
            La saulce estoit,
            Et aussi le brouet,
            Tout apresté
Pour mes hommes et moi et tous mes gens.
            Mais la fumée
            Estoit amère,
            Et l'approchier
Ne la voulus aucunement.

    O Rochepot, chevalier de renom (2),
Errant de lance tu baillas la rencontre ;
A......... tu pourfendis le front.
Mieux lui voulsist demeurer à sa tente.
Le beau Vauldré, qui se tenoit si fier,
Estre sembloit un Rolant pour campier ;

---

(1) Le sire de Sickengen avait réussi, avec son artillerie, à faire une large brèche.

(2) Souvenirs des combats singuliers imaginés par Bayard pour gagner du temps.

Mais trouva Lorge (1)
Qui soubs sa gorge
De bonne sorte
Un coup de pique lui donna,
Tant que de deuil,
Par ce revueil,
Et à malheur
De bref il a fini ses jours.

Lors Montpezat, Montheurie et Quincy
Ne dormoient pas, mais estoient à la bresche,
Sur la muraille pour veoir si assaillir.
Un d'eux iroit faisant leur appareil....

(1) Montgomery, sire de Lorge, était entré dans la place avec mille hommes, à la barbe des Impériaux.

LA CHANSON DE BAYARD.

(27 Septembre 1521.)

    Amis, du héros de la France
Il faut célébrer les exploits.
Chantons notre reconnaissance,
Réunissons toutes nos voix.
Ce jour d'éternelle mémoire
Mérite d'être consacré :
Pour sauver notre liberté,
Bayard marchait à la victoire.

Honneur, honneur, honneur aux lauriers de
   Du héros cher à la victoire !   [Bayard,
Aujourd'hui, fêtons sa mémoire,
Et redisons de toute part :
Honneur aux lauriers de Bayard,
   Aux lauriers de Bayard !

    Amis, quelle gloire immortelle !
Pour nous Bayard a combattu ;
Par lui, notre ville est pucelle
Et l'étranger a fui... vaincu.
Alors ennemi de la France,
Charles menaçait nos remparts :
On vit ses bataillons épars...
Bayard avait levé la lance !—Honneur, etc.

    Naguère encore sur notre ville
Veut fondre un nouvel ennemi :

Vaincre lui était difficile,
Son souvenir était ici :
Nos palmes nous étaient trop chères
Pour vouloir jamais les flétrir ;
On aurait plutôt vu mourir
Les braves enfants de Mézières.—Honneur.

 Tu lui donnais aussi des larmes,
Sexe charmant, sexe chéri ;
A toi seul il rendait les armes,
Quand il battait notre ennemi.
Aussi tu célèbres sa gloire,
Tu prends part à notre transport :
Ainsi Bayard remporte encor
Une douce et belle victoire.—Honneur (1).

(1) Ardennes.—Collection de M. COLLIN.—La mémoire de Bayard, celle du siége de Mézières n'ont cessé d'être fêtées dans les Ardennes. Chaque année, le 27 Septembre, date de la levée du siége, on les célèbre à Mézières par des sermons, des festins et des couplets.—Il est de bonnes traditions qui valent bien les idées nouvelles.—De toutes ces chansons, nous n'en pouvons publier qu'une : elle date de 1815. Elle prouve que les Ardennais n'ont pas dégénéré, et qu'ils ont de la mémoire toutes les fois qu'il le faut.

LA CHANSON

DE ROBERT DE LA MARK.

(1536.)

Nansot, à grand'puissance
De Guyse est parti,
Par grand resjouissance
Chevauchant jour et nuict
Pour retourner en France :
Mais pas ne l'avoient dict
Dampmartin et Florenge.

Quand Nansot vit Péronne,
Demanda à ses gens :
—Vray Dieu ! quelz capitaines
Trouverons nous dedans ?
Ne m'en chault pas d'un blanc
D'homme qui soit en France ;
Mais que ne soient dedans
Dampmartin et Florenge !

Péronne la jolye,
Ville de grand renom,
Las ! tu es bien gardée
De gentilz compagnons :
Tes capitaines y sont,
Qui font honneur en France,
Lercus et Sainseval,
Dampmartin et Florenge.

O nobles capitaines,
Nous vous remercions
De nous avoir gardés
De ces faulx Bourguignons,
De leur gendarmerie,
Des maulditz Allemands,
Tous violeurs d'église !

S'ils eussent prins Péronne,
Comme avoient entrepris,
Ils eussent fait merveille
Pour venir à Paris,
Pour faire les vendanges :
Mais pas ne l'avoient dit
Dampmartin et Florenge.

Où est l'artillerie
Qui fut prinse à Cambray,
Qui a battu Péronne
Par si grand desarroy ?
Péronne la jolye
Rompit son bastillon
De son artillerie.

— Qui fest la chansonnette ?
— Un noble aventurier
Qu'au partir de Péronne,
N'avoit pas ung denier
Pour revenir en France,
Mais avoit bon crédit
Parmy la noble France (1).

(1) Collection de M. Desnoyers. — Cette patriotique chanson est l'œuvre d'un homme d'armes de l'Ile-de-France ; elle a trait au siége mis devant Péronne par le comte de Nassau, dont le nom est ridiculisé. — Florenge n'est autre que notre héros ardennais, le maréchal Robert de la Mark, IIIe du nom,

LA CHANSON DE ROBERT DE LA MARK.

(1536.)

Le seigneur de la Marche
Ne dort ne nuict ne jour,
Chevauchant la Champagne
Pour trouver des Bourguignons.
　Hélas! la don don,
　N'oseroit-on dire,
　N'oseroit-on don,
　N'oseroit-on dire
　Que à Peronne allons?

Chevauchant la Champagne
Pour trouver Bourguignons,
En son chemin rencontre
Troys gentils compagnons.—Hélas! etc.

En son chemin rencontre
Troys gentils compagnons :
—Dieu vous gard, capitaine,
Et à vous, compagnons!—Hélas! etc.

auteur de mémoires fort curieux, mort en 1536. — Charles de Chabannes, comte de Dammartin, brave chevalier mort en 1552.— Au lieu de *Lercus* et *Sainseval*, il faut lire *Sarcus* et *Saisseval*, noms de deux braves gentilshommes picards.— Jehan de Sarcus, gouverneur d'Hesdin, fut capitaine-général des hommes de pied de la Picardie sous François I•r. — Péronne la Jolye est encore Péronne la Pucelle, comme l'ont laissée Dammartin et Florenge.

Dieu vous gard, capitaine,
Et à vous, compagnons !
Avez vous point ouï dire
Où sont les Bourguignons?—Hélas, etc.

Avez vous point ouï dire
Où sont les Bourguignons?
—Par ma foy, très cher sire,
Devant Peronne sont.—Hélas ! etc.

Par ma foy, très cher sire,
Devant Peronne sont.
Print Moreau par la bride,
Picqua des éperons.—Hélas ! etc.

Print Moreau par la bride,
Picqua des éperons.
Quant fut devant Peronne,
On luy descend le pont.—Hélas ! etc.

Quand fut devant Peronne,
On luy descend le pont.
Monte sur la muraille,
Hardy comme ung lyon.—Hélas, etc.

Monte sur la muraille,
Hardy comme ung lyon,
Détaschant coulevrines,
Bombardes et canons.—Hélas ! etc.

Détaschant coulevrines,
Bombarbes et canons,
Les fossés de Peronne
Remplit de Bourguignons.—Hélas ! etc.

Les fossés de Peronne

Remplit de Bourguignons.
On leur a fait la barbe
Ric à ric du menton.—Hélas! etc.

On leur a fait la barbe
Ric à ric du menton.
Le seigneur de la Marche
Ne dort ne nuict ne jour.—Hélas (1)!

(1) *Chansonnier* de 1543.—Cette chanson, faite en l'honneur d'un des plus grands hommes de guerre donnés à la France par la Champagne, concerne Robert de la Mark, seigneur de Sedan et de Fleuranges, né à Sedan même, en 1490. Ami d'enfance de François Ier, il fit avec la plus grande bravoure toutes les guerres d'Italie, reçut quarante-six blessures au siége de Novarre, gagna plusieurs batailles et fut fait prisonnier à Pavie. Le roi, pendant sa captivité, le créa maréchal de France. Quand les Impériaux, que le poète appelle les Bourguignons par réminiscence des guerres du XVe siècle, envahirent notre pays en 1536, ils assiégèrent Péronne. Mais Robert de la Mark, l'intrépide Ardennais, s'y trouvait avec nos milices et celles de Picardie. Son énergie et sa bravoure sauvèrent la place.—Mais il succomba aux suites de ses fatigues au moment où il allait voir son vieux père, qui lui-même se mourait à Sedan.—Moreau, son cheval, nous paraît le digne successeur du célèbre Bayard, le roi des coursiers ardennais.

LES
SIRES DE LA MARK, SEIGNEURS DE SEDAN.
(1446-1536.)

Sedan, ville de guerre, au midy touche Meuse;
Elle void la forest de l'Ardane rameuse
Du costé que le pol refroidit la saison.
Mézière sied plus bas au ponant; et Mouzon
Void l'orient premier avecques la Lorraine.
Ceste ville frontière ainsi que souveraine
Au seul duc de Bouillon de la Mark appartient,
Qui son païs illec de Dieu et du fer tient,
Ne relevant en fief de personne vivante
Fors des rais du soleil et de l'aube levante.

Là, sur le roc assis, le chasteau merveilleux
Avoisine le ciel de son front sourcilleux.
Si le canon pouvoit de son pied faire approche
Ce seroit pour néant, car son pied est la roche,
Qui, haute et mise à plomb, dessus son dos
[soustient
Les murs faits d'espesseur, qui plusieurs pas
[contient.

Ce Robert de la Mark, qui jadis fut la crainte
Des ennemis de France en l'Ardanne contrainte,
De monstrer le talon à fuir coustumier,
Environner de murs le donjon fait premier;
Et par temps au chasteau il adjoignit ensemble
Le circuit fort long, qui une ville semble.

Après ce grand Robert, l'autre Robert vesquit,
Qui, Péronne gardant, tant de renom acquit,
Et en eust depuis plus, si des Parques l'envie
N'eust tranché le filet de sa trop brève vie.
Mais ce second Robert eut un Robert, qui tiers
Augmenta de remparts son chasteau volentiers,
Autant que de Hesdin la malheureuse prise
Eust mis fin à ses jours et à son entreprise,
Qui estoit de bastir quatre forts boulevers :
Mais il n'en fit que deux, défendus et couvers
Par deux autres plus beaux de plus ample espace,
Lesquels a fait son fils, qui son père ainsi
[passe (1).

(1) *La Renommée*, de Ch. de NAVIÈRES, gentilhomme sedanais. Paris, 1571. Ce poème raconte en cinq chants l'entrée en France d'Elisabeth d'Autriche, son arrivée à Sedan et à Mézières, puis son mariage avec Charles IX. La ville de Sedan, une des clefs de la France, devint, au Moyen-Age, le fief de la maison de la Marck, originaire de Westphalie.— Le poète ne dit rien de Guillaume de la Marck, le *Sanglier des Ardennes*, mort en 1485. Il avait cédé ses droits à son frère Robert Ier. Celui-ci continua les fortifications de Sedan commencées en 1446 par Erard de la Marck. Il fut tué en 1489. Son fils, Robert II, mort en 1536, était un intrépide guerrier. Sa gloire pâlit devant celle de Robert III, son fils, seigneur de Fleuranges, maréchal de France, mort en 1536.— Le fils de celui-ci, Robert IV, aussi maréchal de France, n'existait plus en 1556.—La petite fille de ce dernier, Charlotte de la Marck, épouse, en 1591, Henri de la Tour d'Auvergne, maréchal de France, laissant tous ses fiefs à son mari. C'est ainsi que la seigneurie de Bouillon et celle de Sedan sont entrées dans cette dernière maison. — L'histoire des sires de la Marck pendant les XVe et XVIe siècles ne fait qu'un avec celle des Ardennes.

LA CHANSON DE LA PERONNELLE.

(1536.)

Le blanc et noir t'a bien gardée
De deshonneur, gente pucelle.
De toutes parts battue, lardée,
Le blanc et noir t'a bien gardée.
Le vieil Nassau t'eust débardée :
Aux Dieux en doibs grace immortelle.
Le blanc et noir t'a bien gardée
De deshonneur, gente pucelle (1).

(1) *Chansonnier Maurepas*, t. I, p. 25. — Le siége de Péronne, commencé les 16 et 17 Août 1536, ne fut levé que le 11 Décembre suivant. — *Le blanc et noir* : ces mots désignent nécessairement Robert de la Mark. Comme ils ne peuvent s'appliquer à son blason, ils doivent désigner ses couleurs. — Le maréchal de Fleuranges fut inhumé à Sedan. Le cœur du dernier chevalier ardennais fut déposé dans l'église de Saint-Yved, à Braisne, au milieu des tombes élevées aux princes de la maison de France.

LA LÉGENDE DES CORDELIERS DE TROYES.

(1543.)

Si des frères mineurs tu veux l'ordre con-
[noître (1),
L'an mil deux cent et huit saint François le fit
[naître.
Innocent, tiers de nom, pape alors, l'approuva.
Honoré tiers seize ans après le confirma,
Lorsqu'en son corps porta le dit saint digne-
[gnement
Des playes de Jesus Christ les marques ferme-
[ment,
Et qu'Alexandre quart pape a vu et preché,
Et plusieurs bons temoins les ont vu et touché.

Tant de gens vertueux cette plante a produit
Qu'en l'an mil deux cent avec cinquante huit,
Saint Louis leur bâtit un beau temple à Paris.
Ainsi fit en ce lieu, dit la Brosse aux Juifs,
Son gendre, Thibaut quint, comte palatinois (2)
De Champagne et Brie, aussi roi navarrois,
Qui mit les Cordeliers loger dans la cité,
Laissant leur vieil couvent nommé la Trinité.

(1). *Voyage dans le département de l'Aube*, ARNAUD.— Troyes; 1837.—Thibault IV avait, en 1237, établi les Cordeliers hors de la ville, près de la porte de César.

(2) Son fils, Thibault V, mort à Trapani, à la suite de la croisade de Tunis, les fit entrer en ville.

Lors l'évesque de Troye soixante-quatrième,
Nicolas, par décret d'Alexandre quatrième,
Au fondement ouvert mis la première pierre,
Neuf ans devant qu'il eut bierre au chœur de
[Saint-Pierre.
Puis l'église et couvent le comte édifia.
Jusqu'au mur de la tour aussi l'amplifia
Et très bien l'affranchit de toutes redevances,
Donnant aux demandeurs très amples récom-
[penses.

Mais ce prince, en mil deux cent soixante
[et dix,
A Trappas décédé, peu après saint Louis,
Aux Cordeliers fut, à Provins, inhumé.
Or son frère Henry leur a tout confirmé (1).
Puis Philippe le Bel, son gendre, roi de
[France (2),
L'an mil trois cent moins un, les mit en assu-
[rance,
Conservant tous leurs droits, ce que pareille-
[ment
Ont approuvé nos rois tout d'un consentement.

Prions donc pour eux et leur postérité (3),

(1) Henri III, son frère, dernier comte de Champagne, augmenta le couvent.

(2) Les rois de France, successeurs des comtes de Champagne, maintinrent ses priviléges.

(3) Il y eut à Troyes, en 1504, un concile de l'ordre présidé par le R. P. Delphini, leur général ; en 1543, à l'octave de la fête du Saint-Sacrement, dans un concile provincial, à cette occasion, eut lieu une procession, à laquelle assista, une torche à la main, Claude de Lorraine, duc de Guise, gouverneur de Champagne et de Brie.—Cette légende était écrite sur un tableau de bois placé dans le cloître du couvent.—Dans l'église étaient enterrés les frères Pithou, les collaborateurs de la *Satire Menippée*.

Qu'ils ayent en paradis joie et félicité,
Et tous les bienfaiteurs du généreux chapitre ;
L'an mil cinq cent quatre, sous Delphin, grand
[ministre
Et du provincial trente-sept ans après,
Où Claude duc de Guise assista tout exprès
A la procession, suivant le corps de Dieu,
Qui lui doint et nous tous au ciel avoir lieu.
   Amen.

LA CHANSON

DE L'ORDONNANCE DES TAVERNIERS.

(XVIe siècle.)

Le plus cher vin vendu la pinte
Partout ne sera que deux sols :
Qui la vendra plus cher, sans feinte
Payera l'amende tout son saoul.

Payé sera pour la dépense
D'homme et cheval à l'hôtelier,
Pour le jour, suivant l'ordonnance,
Vingt et cinq sols au prix dernier.

Les tavernes seront munies
De ce qu'il faut, tant pain que vin ;
De viandes seront fournies,
Comme il appartient à tel train (1).

---

(1) Collection de M. COLLIN. — Cette chanson se dit encore dans le canton de Monthermé ; elle rappelle les ordonnances de police et les tarifs du Moyen-Age : seulement, les chiffres indiqués au second couplet ont dû varier de siècle en siècle.

LE SACRE DE HENRI II, A REIMS.

(28 Juillet 1547.)

En arrivant, Henri II vit un soleil s'ouvrir. Le cœur qu'il renfermait s'ouvrit à son tour : il en sortit une jeune fille qui offrit au roi les clefs de la ville, en lui disant :

> Roy très-chestien, fleur de nobilité,
> Espoir de paix et de tranquillité,
> Moy, votre ancelle, qui Reims vous représente,
> D'un cœur ouvert, plein de fidélité,
> Comme à mon roy, en toute humilité,
> Les clefs des portes humblement vous présente.

Plus loin, sur un arc de triomphe, étaient représentées treize vertus. Chacune avait son nom, et les treize initiales de ces noms formaient celui de Henri de Valois. — Au-dessous étaient ces vers :

> Honneur est en ton cœur compris ;
> Espérance ton croissant meine (1) ;
> Noblesse est dans ton pourpris ;
> Renommée si te pourmaine ;
> Justice règne en ton domaine ;
> Diligence ton fait conduit ;
> Equité bon renom demaine ;
> Vérité ton fleuron produit ;
> Amour et charité t'induit ;
> Libéralité en toy florit ;
> Obédience te poursuit ;
> Intelligence te poursuit ;
> Sapience en toy reluit.

(1) Henri II avait pris pour emblème un croissant avec cette devise : *Donec totum impleat orbem.*

Plus loin, on avait créé sur un échafaud un petit jardin. Au milieu se dressait une tige de lis gigantesque à trois fleurs. Dans chacune d'elles était un jeune enfant vêtu de drap d'argent. Au-dessus brillait un croissant, qu'un quatrième enfant couronnait d'un diadème d'or.— Quand le roi passa, les quatre jeunes Rémois chantèrent le couplet suivant :

> Croissant, issu de vray lys de noblesse,
> Pour toy se fait cette solennité.
> Dieu supplions que vertu et prouesse
> Parvenir puisse à la rotondité (1).

(1) *Le Théâtre d'honneur.*— Dom MARLOT.—Reims, 1643-1654, p. 505.— Bien avant le règne de Henri II s'est terminé l'âge féodal, l'âge national de la Champagne. Avec lui va s'éteindre l'âge chevaleresque. Bientôt la vie indépendante de nos cités prendra fin. Puis, un jour, notre province perdra même son nom. Elle sera le jouet des intrigants et des polissons de Paris la grand'ville. Bonnes Gens, quand un nuage de tristesse passera sur votre front humilié, feuilletez ces pages, monument de la gloire de vos pères, et dites avec fierté : « Nous méritions mieux ; mieux il nous faut : mieux nous aurons. »

TABLE DES MATIÈRES

DU TROISIÈME VOLUME.

	Pages
Préface.	V

TROISIÈME PARTIE.

CHANTS LÉGENDAIRES & HISTORIQUES 420-1550.

Fondation de Reims après le déluge.	3
Samothès. — Remus. — Francus.	5
Fondation de Reims par les partisans de Remus.	6
Remus, fondateur de Reims.	7
Troie et Reims.	8
La Légende de la reine Ursa.	9
Agendicum.	10
Reims et Jules César.	11
La Ballade de César au pays de Reims.	12
Oraison à Dieu pour l'élection de saint Didier, évêque de Langres (250-264).	14
La Légende de saint Gorgon (302).	15
La Légende de saint Nicaise (407).	17
Le Dict de Pharamond (420).	19

Pages

Chant pastoral de sainte Geneviève, composé par une bergère des Ardennes (423-512). .	20
La Légende de saint Remi (437-533). . . .	22
Saint Remi, apôtre des Français (437-533). . .	29
Le Baptême de Clovis (500)	32
La Légende du baptême de Clovis (481-500).	33
Le Sonnet de la sainte ampoule (500). . . .	36
La Légende de sainte Clotilde, reine de France (493-543)	37
Reims et la sainte ampoule (500)	40
La Légende de Mahomet.—Version champenoise (570-632)	41
La Chanson de saint Faron (613-623). . .	43
La Chanson des confrères de saint Hubert (728).	44
Les Sarrasins en Champagne (733)	48
Les Champenois à Roncevaux (778)	50
Le Tombeau de Turpin, archevêque de Reims (756-795)	51
La Légende de Renaud d'Ardennes (780-814).	53
La Chanson du comte Renaud (780-814) . .	55
La Chanson de Renaud (780-814).	57
Le Paradis des animaux.— Bayard, le cheval de Maugis d'Ardennes (780-814)	62
La Légende du baptême de Witikind (790-807).	64
La Légende d'Ogier d'Ardene-Mark (749-820).	66
La Chanson d'Ogier (780-820)	69
Le Tombeau d'Ogier d'Ardennes à Meaux (820).	71
La Guérison des écrouelles (907).	73
La Légende des écrouelles (907).	74
Le Dit du sacre de Hugues Capet (22 Juillet 987).	76
La Prose de saint Thibault (1066)	77
Le Dit de Godefroy, seigneur de Bouillon en Ardenne (1100)	79

Pages

La Légende de la bataille des chiens au Mont-Aimé (1105) 81
La Légende de dame Aelet de Fontaine et de son fils saint Bernard, fondateur de Clairvaux (1091-1150) 83
La Légende de saint Bernard (1091-1153) . . 87
La Légende de Notre-Dame de Liesse (1130-1134). 92
La Complainte d'Abailard et d'Héloïse (1125-1163) 99
Le Dit de Tiébaut de Champagne, comte de Blois (1152-1190). 102
Le Sacre de Philippe-Auguste (1179). . . . 104
La Chanson du petit roi d'Angleterre (1190). 105
Chanson de la croisade de 1191. 110
Les Champenois à Bouvines (27 Juillet 1214). 112
Le Prisonnier des Champenois (27 Juillet 1214). 116
Le Comte de Champagne et les Champenois au siége d'Avignon 117
Les Rémois au siége d'Avignon (1225). . . 119
Le Dit du sacre de saint Louis (29 Novembre 1226) 120
Chanson satirique contre le roi de Navarre (1227-1230) 123
Chanson contre le comte de Champagne (1228-1230) 125
Chanson sur la guerre des barons contre le comte de Champagne (1228-1230). . . . 128
Chanson sur l'invasion de la Champagne par les barons ligués contre Thibault IV (1228-1230). 130
La Ligue contre le roi de Navarre (1230). . . 132
La Guerre des barons (1227-1230). . . . 134
La Chanson de la sixième croisade (1236). . 139

	Pages
Les Hérétiques au Mont-Aimé (1239). . . .	141
Le Supplice des hérétiques au Mont-Aimé (1239).	142
La Chanson de la croisade de Tunis (fragment. — 1270.	145
La Complainte de Thibault V, comte de Champagne et roi de Navarre (1274).	149
Projet de croisade en Champagne (1310) . .	155
Destruction de l'ordre du Temple (1314). . .	156
Les Morts de Crécy (1346).	158
Le Cantique de la secte des flagellants en Champagne (1348-1349)	159
Le Dit du siège de Reims (1348-1349) . . .	162
La Révolte de Meaux (1358)	164
La Chanson de l'épidémie (1348-1373) . . .	166
Misère de la Champagne après la bataille de Poitiers. — Jacquerie (1356-1360). . . .	167
Les Chevaliers de l'arbalète à Reims. — Formule de la réception des chevaliers (1360-1460)	169
Le Dit de l'église Saint-Pierre de Provins (1369).	174
La Ballade du château de Beauté-sur-Marne (1370)	176
Ravages des Routiers en Champagne (1375). .	178
Le Dit de l'incendie des églises de Notre-Dame et de Saint-Jacques de Provins (1377). . .	180
La Ballade du sacre de Charles VI (1380) . .	182
La Chanson du sacre de Charles VI (1380). .	183
La Complainte de la ruine de Vertus par les Anglais (1380).	184
La Complainte de Miles de Dormans (1387). .	185
Le Cantique de Notre-Dame-de-l'Epine (1400).	187
Ballade de la guerre à l'Anglais (1400-1420) .	188
La Complainte de Loys de Champagne, comte de Sancerre (1402)	190

Pages

La Ballade de la mort des armes de Champagne (1402)	192
Equipage d'un chevalier champenois (1410)	195
La Complainte de la mort de Jean Sans-Peur, duc de Bourgogne, advenue sur le pont de Montereau-faut-Yonne (10 Septembre 1419)	197
Le Dit du traité de Troyes (21 Mai 1420)	202
Le Dogme de la légitimité en Champagne (1420)	203
La Chanson du siége de Melun (1420)	204
Le Dit du siége de Melun (1420)	208
Le Dit de la bergerette de Vaucouleurs (1428)	210
La Chanson de Jeanne d'Arc (1428-1431)	212
Légende de la tapisserie de Jeanne d'Arc (1429)	219
Le Nom de du Lys donné par Charles VII à la Pucelle et à sa famille (1429)	220
Marche triomphale de Jeanne d'Arc d'Orléans à Reims (1428-1430)	221
Le Sacre de Charles VII (1428-1430)	222
Le Dit du siége de Montereau-faut-Yonne (1437.)	231
La Chanson des francs-taupins (1448)	234
Règle du noble jeu de palestrine (1450)	236
La Ronde des juifs (XVe siècle)	240
Jean et Pierre du Lys, frères de Jeanne d'Arc (1455)	242
Sonnet sur le portrait de la Pucelle (1455)	243
Le Monument de Jeanne de Domremy (1458)	244
Le Monument de Jeanne d'Arc (1458)	246
Le Boute-Selle des Bourguignons (1435-1477)	247
La Décadence de Langres (1482)	248
Ballade quand on cria la paix à Reims (1482)	249
Le Dit du sacre de Charles VIII (30 Mai 1484)	251
Le Sacre du très-chrestien roy de France, Charles, huitiesme du nom (1484)	252

	Pages
Le Dict d'Eve à Noblesse (1484)	257
La Chanson de la fontaine de Champagne (Mai 1486)	260
La Chanson de l'arbre de saint Louis.	260
Le Dit du sacre de Louis XII (1498)	261
L'Ardennaise (1521).	263
Les Impériaux dans les Ardennes (1521).	264
La Chanson du siége de Mouzon (1521).	266
La Chanson des bourgeois de Mézières au comte de Nassau et à ses gens (1521).	267
Chanson de la folle entreprise des Henoyers devant Mézières (1521).	270
La Chanson des bourgeois de Mézières aux bons capitaines protecteurs dudit Mézières (1521).	273
Chanson des regrets du comte de Nassau d'avoir failli à son entreprise devant Mézières (1521).	276
La Chanson de Bayard (27 Septembre 1521)	279
La Chanson de Robert de la Mark (1536).	281
La Chanson de Robert de la Mark (1536).	283
Les Sires de la Mark, seigneurs de Sedan (1446-1536).	286
La Chanson de la Peronnelle (1536)	288
La Légende des Cordeliers de Troyes (1543).	289
La Chanson de l'ordonnance des taverniers (XVIᵉ siècle).	292
Le Sacre de Henri II, à Reims (28 Juillet 1547).	293

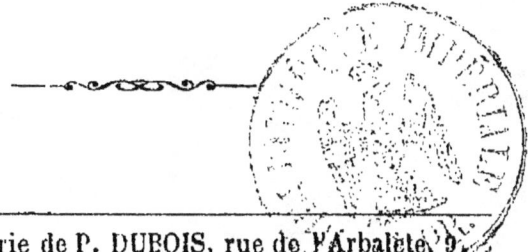

Reims, Imprimerie de P. DUBOIS, rue de l'Arbalète, 9.